AF533688

onomato verlag

Die **Audio-Lesung** der Erzählung ***Die Einsamkeit der Ministerin***
können Sie über den untenstehenden **QR-Code**
oder die **Eingabe der Internetadresse**
onomato.de/s-frieling
anhören oder herunterladen.

Bibliografische Information der Deutschen Nationalbibliothek
Die deutsch Nationalbibliothek verzeichnet diese Publikation in der Deutschen Nationalbibliografie; detaillierte bibliografische Daten sind im Internet über http://dnb.d-nb.de abrufbar.

ISBN 978-3-949899-18-8

Dieses Werk einschließlich aller seiner Teile ist urheberrechtlich geschützt. Jede Verwertung außerhalb der engen Grenzen des Urheberrechtsgesetzes ist ohne Zustimmung des Verlages unzulässig und strafbar. Das gilt insbesondere für Vervielfältigungen, Übersetzungen, Mikroverfilmungen und die Einspeicherung und Verarbeitung in elektronischen Systemen.

Gedruckt auf chlorfrei gebleichtem, säurefreiem
und alterungsbeständigem Papier
Druck und Bindung: CPI

1. Auflage 2023

Textrechte: © Simone Frieling

© onomato Verlag Düsseldorf 2023

Alle Rechte vorbehalten

onomato.de

Simone Frieling

Die Einsamkeit der Ministerin

Erzählungen

onomato verlag

Inhalt

Der verfluchte Ring

1.

Er ist alt. Die Dinge entgleiten ihm. Vor jedem Essen, außer zum Frühstück, legt Maria ihm eine Serviette um. Ein steif gebügeltes Leinen, das von zwei Klipsen rechts und links gehalten wird, die mit einer Kette verbunden sind. Das Leinen ist so groß wie ein Geschirrhandtuch, vielleicht ist es abgenutzt und deshalb für diesen Zweck ausgesondert. Er findet nichts dabei. In seiner gutmütigen Art, die sich auch beim Essen zeigt, denn ihm schmeckt alles, was man vor ihn hinstellt, bekleckert er das Tuch lustvoll wie ein Kind.

Wenn er jedoch mit dem Essen fertig ist und das beschmutzte Ding loswerden will und vergeblich an dem linken Klips herum zupft, ohne dass dieser sich öffnen lässt, wird er zornig. Das Wort „Klipse" kann er noch denken, aber nicht mehr aussprechen. Und Maria ist schon vor einigen Minuten vom Tisch aufgestanden, um die schmutzigen Teller auf die Spüle zu stellen, so dass sie kein Auge für ihn hat. Erst als sie sich zum Dankgebet, das sie in letzter Zeit deutlich und laut vorspricht, wieder an den Tisch setzt, sieht sie seinen Kummer und befreit ihn von seiner Serviette. Mit einem gekonnten Schwung wirft sie das Tuch in die Ecke der Küche, wo schon andere schmutzige Tücher liegen. Wenn er gleich seinen Mittagsschlaf hält, wird sie die Wäsche aufheben und in die Waschmaschine füllen.

Aber jetzt sprechen sie erst einmal gemeinsam das Gebet, wie sie es seit fünfzig Jahren tun. Sind es wirklich nur fünfzig

Jahre? Ihm kommt es länger vor. Und auch beim Beten hat sich neuerdings etwas geändert. Aber was ist es? Ja, sie spricht jetzt die Gebete fast allein, er hinkt immer ein bisschen hinterher. Früher war das doch umgekehrt! Dabei kann er sich im Stillen, sobald er allein in einem Zimmer ist, noch alle Gebete aufsagen. Wenn er jetzt seine Stimme im Takt mit ihrer hören will, strengt ihn das so an, dass ihm eine Zeile nach der anderen abhanden kommt. ‚Abhanden' trifft es nicht ganz, die Zeilen verflüchtigen sich, als hätten sie Flügel und würden aus seinem Kopf davonfliegen an einen anderen Ort, um kurz vor dem Einschlafen zu ihm zurückzukehren. Deshalb bewegt er immer häufiger nur noch die Lippen, damit keine falschen Worte sie verlassen. Liegt er dann im Bett, ärgert er sich über sein Verhalten, weil er so die Freude am gemeinsamen Gebet nicht mehr spürt.

Am Nachmittag, so nennt man wohl die Tageszeit, wird er von einem lauten Rufen seines Namens geweckt. „Franz, Franz, hörst Du, Franz steh auf!" Maria steht über ihn gebeugt und streichelt seine Hände, die er beim Schlafen immer über der Bettdecke zusammenlegt, fast wie zum Gebet. Er hätte lieber einen Kuss von ihr bekommen, so freut er sich über ihr gutes Gesicht, das jetzt nah bei seinem ist! Aber vielleicht ist schon Besuch da, und der darf sie nicht beim Küssen sehen, so ist nun einmal ihre Abmachung! Schnell zwickt er ihr ins Hinterteil, was sie lachend und mit einer koketten Drohgebärde beantwortet. Wie ist sie noch immer glücklich an meiner Seite, denkt er.

Nachdem er aufgestanden ist, geht er ins Wohnzimmer. Er geht vorsichtig, denn seinem Gang ist auch nicht mehr zu trauen. Seine Füße setzen manchmal falsch auf, halten ihn nicht mehr in einer aufrechten Position, er hat oft das Gefühl, nach vorn zu kippen. Das ist ihm auch tatsächlich schon mehrere Male passiert, und die Platzwunde die er sich das letzte Mal zuzog, hat so geblutet, dass man das Blut noch Wochen später an den Wänden des Treppenhauses sehen konnte. Er musste in die Klinik gebracht werden, in der er angeblich jahrelang gearbeitet hat, um am Kopf genäht zu werden. Maria war an diesem Abend fürchterlich nervös geworden, sie hatte Angst, man würde ihn über Nacht dabehalten. Sie kann nämlich nicht alleine sein, konnte sie noch nie.

Sie hatten den Taxifahrer angerufen, den sie schon so lange kannten und von dem sie genau wussten, dass er ihnen helfen würde. Das tat er auch, der Ausländer – wo kam er noch her? Aus einem armen Land, in dem viele Katholiken wohnen und die Mission noch stark ist. Der Mann hatte ihn bis vor die Tür der Klinik gebracht, auf einen Rollstuhl gesetzt und dann zum Empfang geschoben. Während man seinen Kopf verarztete, hatte er gewartet und später ihn und Maria wieder nach Hause gebracht. Franz hatte ihm einen Bündel Geldscheine in die Hand gedrückt und der Mann hatte ungläubig gelächelt.

Warum aber war Maria an dem Abend so ärgerlich geworden, dass sie abrupt vom Sofa aufgestanden und in ihr Zimmer gegangen war? Er hatte nichts anderes getan, als jeden Abend seinen Schoppen getrunken, aus dem großen Glas, mit der Gravur, die er so liebte. Und er hatte den Taxifahrer aufgefordert, mit ihm zu trinken. Was für ein schöner Abend! Er hat viel aus dem Leben des Mannes erfahren, wie gläubig man in dessen Heimat noch ist. Das erstaunt ihn noch immer, wenn er an die Verhältnisse hier denkt. Erst als seine Stirnwunde zu pochen anfing, hatten sie den Abend beendet und er den Mann gesegnet. Wie warm und hell waren in der Nacht seine Träume gewesen!

Am nächsten Morgen, das weiß er wirklich ganz genau, war sie früher als er aufgestanden, was sonst nie vorkam und war bös mit ihm gewesen. Sie hatte alles aufgeräumt, was vom vergangenen Abend stehen geblieben war, nur die zwei leeren Weinflaschen nicht. Aber Maria kann nicht lang bös sein, sie liebt ihn zu sehr, und er hat, wenn er auch alt ist, noch genug Charme, um sie umzustimmen und genug Pfiffigkeit, um sie manches Mal zu hintergehen. Den Wein lässt er sich nicht nehmen, nur weil er ein Mal gestolpert ist!

Jetzt sitzt er gemütlich im Sessel vor dem Tischchen, auf dem die Snacks stehen, die er so gerne am Nachmittag isst. Langsam fällt die Benommenheit des Schlafes von ihm ab und er greift zu. Da klingelt es. Maria lächelt ihm aufmunternd zu und geht zur Tür. Nach einer Weile hört er Stimmen, jemand stürzt ins Zimmer und begrüßt ihn freudig: „Franz, altes Haus! Wie geht es Dir? Du siehst gut aus!"

Er ist verlegen, schaut auf seine Knie und wippt ein bisschen mit ihnen hin und her. Dabei fragt er sich, wer da in sein Zimmer gekommen ist und ihn stört? Ein Mann ist es, mit Sicherheit! Frauen haben mehr Gefühl. Sie treten langsam auf ihn zu und legen, bevor sie ihn ansprechen, erst einmal ihre Hand auf seinen Arm. Das beruhigt ihn immer, und er kann die Zeit nutzen, um sich zu sammeln, bevor er spricht. Allerdings muss er auf der Hut sein, Maria ist sehr eifersüchtig, und er darf mit einer fremden Frau auf keinen Fall schön tun.

Was will nun dieser Mann von ihm, was von Franz? Und wo ist die Frau, ohne die er nicht leben kann? „Maria komm!“, ruft er missmutig den Fenstern zu, da er nicht wagt, den Kopf zu verdrehen, weil das seit neuestem Schwindel bei ihm verursacht. Sie legt ihm von hinten die Hände auf die Schultern: „Ich bin doch da, ich bin doch da. Ich stehe die ganze Zeit hinter dir. Und nun sag doch dem Peter endlich ‚Guten Tag‘.“

Einen Peter hat er früher einmal gekannt in seiner Jugend. Der muss schon lange tot sein. Der Mann in seinem Wohnzimmer ist also ein anderer Peter. Diese Erkenntnis berührt ihn unangenehm. Maria wird doch wohl keinen Fremden eingelassen haben?!

Das Telefon klingelt. Wie er dieses Läuten liebt, das wie eine Sturmglocke in sein Leben fährt und es interessant macht! Jetzt gilt es Maria zu überlisten und als erster am Apparat zu sein. So haben sie es immer gemacht, wenn das Ding rasselte: einen kleinen Wettkampf ausgetragen. Wieder ist er der Sieger, er drückt als erster auf die grüne Taste! Seine Hand hält das schwarze Ding fest umklammert, dass es ihm keiner wegnehmen kann.

Plötzlich weiß er nicht genau, was er weiter tun soll. Er sucht eine Antwort in Marias Augen. „Du musst den Apparat an Dein Ohr halten.“ Er gehorcht. Da ist eine neue Stimme, die fragt: „Wie geht es Dir, Franz“? Er antwortet: „Wie geht es Dir“? Den ›Franz‹ lässt er besser weg, denn er kennt keinen zweiten Franz, auch nicht aus seiner Jugend. Die Stimme wird lauter, eindringlicher, sie lässt ihm keine Ruhe. Wenn er nur Zeit zum Nachdenken hätte, dann könnte er antworten. Langsam füllen sich seine Augen mit Tränen. Maria schaut ihn liebevoll an und streckt die Hand aus. Er zögert, eigentlich ist er doch hier der Hausherr und sie nur der Gast. Aber nein, sie ist die Frau seines Lebens, ‚sein Stern', ohne den er nicht leben kann. Jetzt weint er richtig und reicht, wie ein braves Kind, den Apparat zu ihr herüber.

Maria führt ihn zu dem großen runden Tisch, der in der Mitte des Wohnzimmers steht. Den fremden Mann lässt sie in einer Ecke sitzen. Sie beschäftigt sich jetzt ganz mit ihm, so dass er aufhören kann zu weinen. Als seine Augen wieder trocken sind, holt sie sein Lieblingsbuch aus seinem Arbeitszimmer: die Bibel. Sie legt das Buch vor ihn auf die Tischplatte und schlägt es dort auf, wo sich das Lesebändchen befindet. Lächelnd legt er seinen Zeigefinger auf die blaue Girlande, die den Text schmückt. Er liest ein bisschen. Er tut so. Er will nicht, dass Maria etwas merkt. Denn er hängt an allen Büchern, die er besitzt. Und sie wollte schon ausmisten!

2.

Maria räumt das Abendessen ab. Eigentlich ist sie immer unterwegs: von einem Zimmer ins andere. Eigentlich hat er sie nie ganz für sich. Er hätte sie heiraten sollen. Warum hat er sie nicht geheiratet? Er schaut auf seine Hände, auf den Ring, den sie alle bewundern, auch Maria, auf diesen kalten, protzigen Prunk. Wie viel lieber hätte er an seiner Stelle einen schlichten Ehering am Finger und Kinder und Enkelkinder … Aber sie hatte nicht gewollt! Deshalb sitzt er hier allein im Wohnzimmer und weiß nicht, wie die Zeit ausfüllen, weiß nicht, was tun. Hat Maria eine Ahnung davon, wie ihn die Zwischen-Zeit quält?

In der Zwischen-Zeit könnten die Kinder ihn besuchen und er den Enkeln von seinem Großvater erzählen, der ja auch der Opa der Enkel… Ach nein. Da bringt er etwas durcheinander. Davon abgesehen, er könnte die Zeit nutzen, so wie früher. Aber jetzt, so nutzlos…

Maria stellt zwei Gläser vor ihn hin, es sind die mit der Gravur. Er streicht lustvoll mit der Daumenkuppe über ihre raue Oberfläche. Jetzt wird sich der Tag endlich wenden. Denn gleich kommt Maria mit der Flasche. Sie hat vorgearbeitet: Der Korken ist schon halb gezogen. Öffnen aber darf er die Flasche, das Vergnügen lässt sie ihm. Während er mit der Rechten den Korkenzieher ganz nach oben zieht, hält er die Flasche mit der Linken fest und spürt die feuchte Kühle, die sich am Flaschenbauch gesammelt hat. Maria lässt ihm einen Augenblick Zeit, bevor sie die Flasche an sich nimmt und die Gläser füllt. Bis oben hin muss sie die Gläser füllen, bis es fast ‚schwappt', sonst ist er bös mit ihr.

Es klingelt. Darauf hat er gewartet. Sein Mitbruder kommt, er wohnt gleich in der Wohnung gegenüber, ein paar Schritte auf dem Gang entfernt. Clemens kommt jeden Abend, um mit ihm als Freund zu schwatzen und zu trinken. Franz muss sich konzentrieren, die Minute nutzen, die Maria benötigt, um zu öffnen. Ganz vorsichtig, ganz leise tauscht er die Gläser. Denn er weiß, dass Maria sein Glas in der Küche zur Hälfte mit Wasser aufgefüllt hat, bevor sie es ihm brachte. Den verdünnten Wein schiebt er auf die andere Seite des Tischchens, wo Clemens gleich Platz nehmen wird. Dann umklammert er sein Glas mit beiden Händen – er ist so aufgeregt –, führt es zum Mund und leert es bis auf die Hälfte. Alles muss blitzschnell gehen und er darf nichts verschütten. Beim Trinken sitzt er ganz aufrecht, um auszukosten, wie der kühle Wein in ihm herunterfließt und durch seinen Körper strömt. Erst dann weiß er, dass bald der Leerlauf des Tages und seine Sprachlosigkeit erträglich werden.

„Guten Abend, Clemens", singt er fast, als der Freund vor ihm steht. Clemens setzt sich, prostet Franz zu und beginnt gleich von seinem Tag zu sprechen: Was er alles erlebt, wen er gesprochen hat, nur interessante Leute. Clemens lässt ihn gar nicht zu Wort kommen, dabei könnte er *jetzt* reden. Und er hat doch auch etwas zu sagen! Clemens ist ein Angeber. Das verwässerte Zeug gönnt Franz ihm! Der lebt ohne Frau und kann in seiner Wohnung trinken, so viel er will.

Erst einmal aber lässt sich Franz den Genuss an Wein und Knabbereien nicht verderben von dem Geschwätz. Dann wird es ihm doch zu viel, der andere fängt an, ihn zu beleidigen: Weiß alles besser, ist mehr gereist, hält mehr Vorträge. Verzweifelt versucht Franz den anderen daran zu erinnern, dass er auch einmal vor Studenten gesprochen hat, dass er ein richtiger Professor war! Clemens ist jünger als er. Clemens könnte sein Sohn sein. Er hat ihn immer wie einen Sohn behandelt, über viele Schwächen von ihm hinweggesehen, ihm Karrierewege geebnet, ihm Geld geschenkt und sogar die Wohnung besorgt. Warum setzt der Mann ihn fortwährend herab?

Franz ruft nach Maria. Sie kann Clemens nicht leiden, deshalb hat sie den ganzen Abend in ihrem Zimmer verbracht und mit ihren Freundinnen telefoniert. Müde schleppt sich Maria ins Wohnzimmer. Sie sieht alt aus, vielleicht hat sie schon geschlafen. Sofort hat Franz Mitleid mit ihr: Womöglich muss sie zu viel arbeiten in seinem Haushalt.

Wortlos nimmt Maria die zwei Flaschen vom Tisch, trägt sie in die Küche und ruft dabei: „Es reicht jetzt!“ Clemens erhebt sich, scheinbar erschrocken, obwohl es jeden Abend das Gleiche ist und er sich, denkt Franz, längst hätte daran gewöhnen können. Dass Maria die Abende immer auf diese hässliche Weise beendet, ist ihm nun ganz recht. Warum muss Clemens auch so viel reden! Und der wird sich jetzt beim Rausgehen eine Entschuldigung abringen, die Franz auch schon kennt. „Aber ich wollte doch nur in euren grauen Alltag etwas Farbe bringen. Ich komm doch nur für euch, damit ihr etwas Abwechslung habt, noch etwas von der Welt mitbekommt.“

Bis jetzt war Franz nur wütend und hatte seine Tränen zurückhalten können, nun weint er hemmungslos. Ist es denn ein Opfergang, ihn zu besuchen, nur weil er alt ist? Bleibt eine Freundschaft nicht eine Freundschaft ein Leben lang? Soll man ihn doch befreien von diesem falschen Freund!

Sehnsüchtig horcht er auf die letzten Geräusche aus der Küche: das Klirren der Gläser, das Klappern der Teller. Gleich wird Maria zu ihm kommen, schon ist er fast beruhigt. Vorher aber wird sie die Wohnungstür abschließen, grimmig den Schlüssel drei Mal herumdrehen. „Muss er denn *jeden* Abend kommen, Du kannst ihn doch *ein Mal* wegschicken …“ Sie weiß, dass er das nicht kann und hilft ihm bei der Nachttoilette. Dann begleitet sie ihn zum Bett. Als sie die Bettdecke unter seine Arme schieben will, umfasst er sie und zieht sie zu sich: „Leg dich noch einmal zu mir ins Bett, ein letztes Mal!“ Sie schüttelt den Kopf und sagt das Abendgebet. Danach gibt sie ihm *den* Kuss, auf den er den ganzen Tag gewartet hat.

Franz wacht um fünf Uhr auf: wie immer. Früher hat er sich selbst angekleidet, ein Glas Wasser getrunken und ist dann zum Zeitungsgeschäft in die Altstadt gegangen. Dabei haben ihn jeden Morgen dieselben Obdachlosen erleichtert, sie kannten seinen Weg. Und er hat gerne gegeben. Er kam mit drei Tageszeitungen und frischen Brötchen zurück. Jetzt muss er auf Maria warten, bis sie ihm beim Ankleiden hilft und mit ihm zum Büdchen um die Ecke geht. Dort steht seit neustem eine Sitzgelegenheit neben der Tür. Er ist sich sicher, dass Maria die Besitzer darum gebeten hat, weil er nicht mehr lange stehen kann und der Weg ihn schon anstrengt. Sie kauft nur noch eine Zeitung, das ärgert ihn. Er war immer ein belesener Mann, wollte nie einer dieser provinziellen, beschränkten Priester sein. Wenn er nur daran denkt, den ganzen Tag mit einer Zeitung zu verbringen …

Er ist deprimiert. Er könnte durchaus jetzt ein Glas Wein vertragen. Wein hilft gegen die Qual der endlosen Zwischen-Zeit. Aber er muss warten, und Warten hat er gelernt. Durch Maria hat er das Warten gelernt. Er wartet ja heute noch auf ihr „JA“, auch jetzt in diesem Moment. Wenn sie bei ihm ist und ihn anlächelt, ist das wie ein „JA“.

Wann hat das eigentlich angefangen, grübelt er, dass er nicht mehr ‚gleich‘ denken konnte, nicht mehr ‚ich mach‘s‘, sondern überrascht wird von einem ihn ängstigenden ‚jetzt‘, auf das ein schleppendes ‚dann‘ folgt?

3.

Maria hat in dem kleinen Elektrofachgeschäft in der Altstadt angerufen, es ist das letzte, das er vor nicht zu langer Zeit noch zu Fuß erreichen konnte. Sie hat ein Gerät bestellt. Er kommt gerade nicht darauf, wie man es nennt. Maria ist schlau: Sie will ihn für das neue Gerät begeistern, das er früher immer als „dumme Flimmerkiste" abgetan hat. Das tut sie nur, um Clemens nicht mehr jeden Abend die Tür öffnen zu müssen.

Als der Mann kommt, der das Gerät anschließen soll, macht sie viel Wind um die Sache. Franz merkt gleich, dass sie übertreibt. Der Fernseher wird in der Ecke seines Arbeitszimmers aufgestellt, ein paar gerahmte Fotos von seiner Familie müssen weichen. Gleich als das Ding steht, bittet sie den fremden Mann mit serviler Stimme, den schweren Sessel aus dem Wohnzimmer zu holen und ihn vor der Flimmerkiste aufzustellen. Das hätte er doch selbst tun können, wieder hat sie ihn übergangen! Später bringt Maria einen Stuhl, mehr Platz ist nicht neben dem Sessel. Natürlich wird er sie im Sessel sitzen lassen und selbst mit dem Stuhl vorlieb nehmen.

Der erste Fernsehabend ist da, der Wein sicher auf seinem geliebten Schreibtisch platziert. Die ‚Tagesschau' läuft, er lässt sie mit einem großen Schluck über sich ergehen. Maria bestimmt das weitere Programm. Aber für Farne und Echsen hat er noch nie etwas übrig gehabt. Er möchte Musik oder einen Liebesfilm. „Und wenn Clemens jetzt doch klingelt", fragt er leise. „Dann hören wir ihn einfach nicht. Er weiß, dass wir unseren Fernsehabend haben!"

Franz döst eine Weile vor sich hin. „Die sprechen alle zu leise und zu schnell in diesen neumodischen Filmen", beschwert er sich. Stoisch hält er eine Zeit aus, dann beginnt er zu sticheln, das kann er immer noch. Maria ist es müde, sie wechselt das Programm. Eine Weile schaut er gebannt in das Gerät, dann erst bemerkt er, dass Maria eingeschlafen ist. Wie, denkt er, sie wollte das Ding und jetzt schläft sie ein und ich muss den Mist alleine gucken? Er wird sie sofort wecken! Als er sich zu ihr beugt, um ihr einen derben Schubs zu geben, hält er inne: Die Sanftheit ihrer Gesichtszüge überwältigt ihn. Sie liegt ganz entspannt in seinem Sessel.

Voller Liebe legt er seine Hand auf ihre. Während er ihre Hände streichelt, kommt ihm ein Gedanke: Er hatte doch Eheringe gekauft, zwei Stück. Den einen könnte er ihr jetzt schnell über den Finger streifen und den anderen sich selbst. An die Worte, die gesprochen werden müssen zur Trauung, kann er sich erinnern, schließlich ist er Priester, oder war Priester, ach, das ist im Moment gleichgültig. Wo ist der Ring, wo …? Früher hat er die Ringe wie einen Schatz in seinem Schreibtisch gehütet. Für den Fall der Fälle, dass sie doch „JA" sagen würde. Wie viele Male er kniend um ihre Hand angehalten hat, weiß er nicht mehr, in Erinnerung nur, dass sie immer den Kopf geschüttelt hat. Dabei hatte er beim ersten Mal schon den Sekt kalt gestellt, so sicher war er sich. Nach dem „NEIN" hatte er sie umso mehr begehrt.

War seine Familie die Ursache oder ihre, dass sie nichts vom Heiraten wissen wollte? Er hätte für sie alles aufgegeben, einen Platz unter dem großen Dach der Kirche schon gefunden. Zwei seiner Mitbrüder, mit denen er hier zusammengewohnt hatte, waren diesen Weg gegangen; die waren Väter und Großväter geworden.

Er sieht den Rauputz und die verqualmte Wohnküche vor sich, in die Maria ihn zog, als sie ihre Eltern zum ersten Mal gemeinsam besuchten. Während er in die freundlichen Gesichter sah, glaubte er, bald am Ziel zu sein. Mit Marias Vater hatte er sich auch gleich gut verstanden. Marias Mutter war, wie seine, eine Landfrau: diese Frauen schweigen erst einmal. Man aß zusammen, erzählte, lachte, dann gingen die Frauen in die gute Stube, und zurück blieben Franz und sein Schwiegervater, wie er ihn schon für sich nannte. Der ergriff sofort die Gelegenheit, offen zu sprechen: „Franz, eine Bitte, mach unsere Maria nicht zu Deiner Haushälterin". Franz wurde rot und schüttelte den Kopf. Weder er, noch der Vater wussten, ob das bestätigend oder verneinend gemeint war.

Richtig enttäuscht war Franz von seiner Lieblingsschwester Berta. Als sie merkte, dass es ihm ernst war mit Maria, die er ihr auf einer Karnevalsfeier vorstellte, schrieb sie ihm mehrere Briefe. An den Inhalt erinnert er sich nicht mehr genau, aber an den Schmerz. Er sieht auf die Schlafende im Sessel und der Schmerz wird stärker.

Nicht ein einziges Mal durfte sie bei Familienfeiern an seiner Seite sitzen, immer nur bei den entfernten Cousinen und Cousins am Katzentisch. Was für eine Qual muss das für sie gewesen sein, sich stundenlang vor diesen Leuten zu verstellen. Er sieht ihren flehenden Blick, wie sie ihn jedes Mal mit den Augen suchte und ihm zuzurufen schien: lass uns endlich aufbrechen, nur fort von hier, fort!

Es war ein Jammer mit der eigenen Familie! Dabei hatte er sich aus Liebe zu ihr zum Priester weihen lassen. Das war seine Berufung – nicht der Ruf Gottes –, sondern der seiner Mutter und seiner anspruchsvollen Schwester! Als er geweiht war, nannten sie ihn liebevoll und spöttisch zugleich "unseren Hauspapst". Das schmeichelte ihm sogar eine Zeit lang, aber dann hätte er darauf verzichten können: auf das ganze Brimborium! Und spätestens als er Maria kennengelernt hatte, war ihm jede Schmeichelei peinlich.

Maria schlägt die Augen auf: „Was, schon so spät? Und, hast du etwas Interessantes gesehen?" „Nur Mist", antwortet Franz und denkt an etwas völlig anderes. Als sie ihn ins Bett bringt, sagt er plötzlich: „Heirate mich, dann bist du nach meinem Tod auch gut versorgt". „Ach, wer spricht denn hier von Sterben? Wer von uns zuerst stirbt, wird Gott entscheiden."

In dieser Nacht schläft Franz, der sonst einen gesegneten Schlaf hat, schlecht; mehrere Male ruft er nach Maria. Aber sie ist so weit weg. Zwischen ihrem und seinem Zimmer liegt der lange Flur. Ob man das nicht wenigstens ändern könnte? Läge sie bei ihm, wäre er schnell beruhigt, er könnte nach ihrer Hand greifen und sie ihm über die Wange streichen. Das würde ihm völlig genügen.

Früher ja, da hatte er Gelüste! Manchmal hat er noch diese wunderbaren Träume, in denen ihm ganz heiß wird. Unwillkürlich tastet er nach dem Laken unter seinen Beinen. Es fühlt sich auf einmal feucht an und riecht streng nach Urin… Er ist zu müde, um sich darüber Gedanken zu machen. Aber Maria wird es morgen auffallen und vielleicht wird sie dann einsehen, dass sie endlich „JA" sagen muss. Noch ist er nicht zu alt, um mit ihr zum Altar zu gehen, nur Hinknien kann er sich nicht mehr. Während er in der warmen Feuchte in den Schlaf hinüber dämmert, denkt er, Schluss wäre dann mit der ganzen Verstellerei. Hand in Hand könnten sie über den Domplatz gehen und müssten sich nie mehr trennen.

4.

Heute kommt die Putzfrau. Maria hat ihn an den großen runden Tisch im Wohnzimmer gesetzt und legt ihm zwei Fotoalben hin. Er muss sich eine Weile lang selbst beschäftigen, was er, wenn es nicht zu lange dauert, wirklich gerne versucht. Zuerst schlägt er das Album in dem roten Leineneinband auf. Die Fotos darin hat alle er gemacht und später auch eingeklebt und beschriftet. Franz schaut auf seine gut lesbare Handschrift und die übersichtliche Anordnung der Bilder. Potztausend, das hat er gut gemacht, er kann es kaum glauben!

Auf fast allen Fotografien ist Maria zu sehen, sie ist wunderschön – und immer geschmackvoll gekleidet. Wie in einem Modemagazin hat sie auf jeder Seite etwas anderes an, einmal ein blau-rotes Dirndl, dann einen schicken Hosenanzug oder einen Rock mit roter Bluse. Rot steht ihr überhaupt am besten. Sie ist der rote Farbtupfen mitten in einem blauen Feld – was dort wohl wächst? Sie trägt einen roten Janker vor einer grau-blauen Bergkulisse – haben sie den zusammen in Österreich gekauft?

In welchem Land, an welchem Ort die Fotos entstanden sind, das weiß Franz wirklich nicht mehr; und seine Beschriftung unter den Bildern hilft ihm auch nicht weiter. Denn wenn er ehrlich ist, muss er zugeben, dass er nur noch einzelne Wörter lesen, sie aber nicht in einen Zusammenhang bringen kann. Für die Fotos von Rom benötigt er keine Erklärung, sie kann er zuordnen. Es sind allesamt Stadtbilder und sie lösen in ihm die schönsten Gefühle aus: Ja Rom, das war seine Stadt, ist es bis heute! Sechzehnmal war er in der ‚ewigen Stadt' und würde gleich aufbrechen, um sie wiederzusehen. Wie liebt er sie noch immer: die Kirchen, die weitläufigen Plätze, die Brunnen, Ruinen, auch die Steine, die einfach nur am Wegesrand liegen. Und mittendrin: immer Maria.

Franz kichert. Das Kichern lockt Maria an. Fröhlich schaut sie ihm über die Schulter, um zu sehen, was ihn amüsiert. „Das ist mein Meisterfoto", sagt er und streicht zärtlich über die glänzende Oberfläche eines größeren Abzugs. Auf ihm sind sie beide zu sehen: Er, in einem dunklen Anzug, berührt fast mit der Kamera ihre Schulter. Sie, in einem hellen Hosenanzug, der wie maßgeschneidert aussieht und ihre schlanke Figur betont. Er, ernst mit Sonnenbrille, steht frontal vor einem Geschäft, seine Gestalt ist in ein dunkles Honiglicht getaucht. Sie hell, ein klein wenig zu ihm gedreht, ein Lächeln andeutend. Eine dunkelrote Reflexion liegt wie ein Schal aus dünner Seide über ihnen, als sei das Foto doppelt belichtet worden und zeige noch ein anderes Motiv. Fünf rote Preisschilder haben sich in die strenge Komposition eingeschlichen, die beim genauen Betrachten Zahlen zeigen, hinter denen ‚Lire' steht.

Franz ist stolz auf sich: Mit diesem Foto hat er die Technik und die Menschen überlistet! Es ist das einzige, auf dem nur Maria und er zu sehen sind, sie beide ganz allein. Der Trick war, denkt er befriedigt, in Rom vor einem Geschäft auf den

Moment zu warten, bis die gleißende Sonne und der dunkle Innenraum eines Herrenausstatters eine perfekte Spiegelung von ihnen außen auf das Glas malte. Damals konnte er noch von einer Sekunde auf die andere reagieren…

Natürlich hätte Franz auch Touristen oder Einheimische bitten können, von Maria und sich ein Foto mit seiner Kamera zu machen, aber das lag ihm nicht. So gibt es wirklich nur dieses eine, das besonderen Lichtverhältnissen auf einer Glasscheibe zu verdanken ist. So flüchtig war der Moment wie ein kurzer Lichtstrahl: In dem Augenblick, als Franz den Zeigefinger vom Auslöser nahm, hatte der Ladenbesitzer die Innenbeleuchtung angeschaltet und nichts mehr war von ihnen zu sehen. Der ernste Mann und die lächelnde Frau waren für immer verschwunden. Das Glas war durchsichtig geworden und man sah nur noch die Auslage feiner Anzüge hinter ihm.

Maria ist zu ihrer Arbeit in der Küche zurückgekehrt, er blättert weiter. Auf der nächsten Seite des Albums sind sie zu Zweit zu sehen und auf der übernächsten wieder, viele Male. Franz grinst: man muss schon genau hinsehen, wenn man die Schnittstelle auf den Bildern finden will. Meistens hat er Maria vor Bäumen oder Büschen fotografiert und an ihre Seite, von einem anderen Foto mit grünem Hintergrund ausgeschnitten, sich selbst in ganzer Person aufgeklebt. Dann ist er zu einem kleinen Laden in der Altstadt gegangen und hat die Bilder kopieren lassen in dunkleren Farbtönen, bis man die Schnittstelle nicht mehr sehen konnte.

Was für ein Aufwand! Listig hat er es angestellt und Maria immer wieder mit diesen Bildern überrascht. Heute würden seine Hände ihm bei dieser fisseligen Arbeit den Dienst versagen. Aus diesem Grund gibt es schon lange keine aktuellen Fotos mehr, die er gemacht hat. Er hat sogar die Kamera verschenkt, war böse mit ihr. Und mit Maria. Wären sie verheiratet gewesen, hätte er diesen Aufwand gar nicht betreiben müssen. Sie beide wären einfach in ein Fotoatelier geschlendert und hätten sich als Brautpaar ablichten lassen. Er hätte viele Abzüge bestellt und sie in alle Welt verschickt! Das wäre eine Freude gewesen!

Trotz seines Kummers streicht er jetzt zärtlich über ein Foto, das Maria lächelnd in einem Mohnfeld zeigt. In einiger Entfernung ist er zu sehen in dunklem Parka, fast verwachsen mit dem tiefen Grün der Büsche hinter ihm. Nur sein Gesicht und seine rechte Hand, die er ihr entgegenstreckt, heben sich von dem dunklen Grund ab. Es ist eine seiner letzten Arbeiten, die er besonders mag. Er hatte aus einem Foto nur seinen Oberkörper ausgeschnitten und genau an den oberen Rand der Wiese geklebt, so dass jeder glauben muss, dass er mitten im hohen Gras steht. Wie schön dieses Bild ist. Fast erträgt er die Liebe nicht, die in Marias Lächeln liegt und fast nicht seine sehnsüchtig auf sie gerichteten Augen.

Es gibt auf der Welt nichts Vollkommeneres als ihre Liebe zueinander, nichts Schöneres. Aber auch das Schöne kann plötzlich schmerzlich sein, kann ihn so übermannen, dass er nicht ein noch aus weiß. Wenn er sich dann wieder gefangen hat, ist da eine fürchterliche Leere, wo vorher seine Liebe war. Wie oft hat er diesen Zustand durchgemacht. Kraftlos sinkt er in seinem Lehnstuhl nach hinten. Er seufzt, er ruft nach Maria, sie kommt, er will ihr erklären, warum er jetzt weint, sie streichelt ihm über den Kopf, küsst ihm die Stirn und fragt leise: „Möchtest Du ein Glas Wein?“ Er schluchzt heftiger und nickt dankbar.

5.

Wieder ist die Matratzenauflage nass, als Franz erwacht. Hoffentlich sagt Maria nichts, denn er mag nicht darüber nachdenken, wie es weitergehen soll. Ob er auch Windeln tragen muss, wie die Senioren in dem Altersheim, in das er nicht wollte? Über Tag hat er sich schon ein paar Mal eingenässt, und Maria ihn liebevoll ins Bad geführt und umgezogen. Einmal ist er dabei fast umgefallen und hat sie beinahe mitgerissen, weil er sich im letzten Moment an sie klammerte. Dabei ist sie so zart und auch schon alt, er überlegt, wie alt …

Die Windeln sind eine Schande für ihn als Priester, ach was: für ihn als Mann! Er hat noch ein Problem, das vielleicht sogar größer ist: Er wird 90! Alle, wirklich alle wollen seinen Neunzigsten feiern, nur er will nicht. Er hat Angst vor dem Tag, Angst vor dem Fest und Angst vor den vielen Fremden. Auch wenn Maria jeden mit Namen ansprechen kann, sind diese Leute ihm schrecklich fremd. Was für eine Qual! Und jetzt schreibt sie ununterbrochen Adressen auf Briefumschläge, hat keine Zeit mehr für ihn, hebt nur manchmal den Kopf und fragt, ob sie Peter auch eine Einladung schicken soll.

Franz ist verzweifelt, am liebsten würde er tot sein oder nach Rom fahren. In Rom weiß keiner, dass er Neunzig wird. Er müsste nur das Taxi von dem Polen bestellen, wie heißt der freundliche Mann noch, der ihm jeden Gefallen tut? Der Pole würde Maria und ihn abholen und genau dort hinbringen, wohin er will. Nur zwei Stufen müsste er in Rom hinaufgehen, schon wären sie in ihrem geliebten Quartier! Das wäre ein Leben!

Aber daran ist nicht zu denken, solange Maria am Tisch sitzt und Einladungen in Kuverts steckt. Wenn er die gefütterten Kuverts sieht, wird er fast glücklich. Wie gerne hat er teures Briefpapier für Maria gekauft in der Vorstellung, dass sie beim Empfang ihre Hand darauf legen würde wie auf seine Wange. Jeden Tag, an dem sie nicht an seiner Seite war, hat er ihr einen Brief geschrieben, manchmal auch zwei, so stark war seine Sehnsucht. Die Sehnsucht seiner Seele nach der Frau. Sie war weit weg, musste ihre Eltern pflegen, bis sie starben. Erst nach der Beerdigung durfte sie zu ihm ziehen, so war es ausgemacht zwischen seinem ‚Schwiegervater' und ihm. Wie viel kostbare Zeit haben sie dadurch verloren!

Jetzt, während Maria vor ihren Papieren sitzt, würde er gern die Briefe lesen, die in fünfzig Jahren zwischen ihnen hin und hergegangen sind. Er stellt sich eine große altmodische Truhe vor, wie die, die er als Soldat bei den Schlesiern gesehen hatte, die auf der Flucht waren. Damals konnte er es kaum glauben, dass sich darin der ganze Hausrat einer Großfamilie befand. Marias und seine Briefe hätten den Platz zweier Truhen benötigt, da ist er sich sicher. Wenn er jetzt nur einen der Briefe in seinen Händen halten könnte, würde er sich zurücklehnen und lesen und lesen, seinen Neunzigsten vergessen, die Windel vergessen, die ihn zwickt und eintauchen in die Liebe.

„Maria, wo sind die Briefe, die du mir geschickt hast, es müssen doch noch Briefe da sein?!" Maria steht auf, küsst ihn auf den Scheitel: „Du weißt doch, dass wir alle Briefe aus Vorsicht vernichtet haben. Nur die Postkarten, die schönsten, auf denen Grüße stehen, haben wir aufgehoben. Soll ich Dir die Schachtel mit den Postkarten bringen?" „Ach lass, ich wollte die

Briefe!“ Warum hat sie die Briefe vernichtet, wer hat sie dazu gezwungen, fragt er sich und scharrt mit den Füßen. Warum hat sie das nicht verhindert: unsere Briefe … vernichtet?

Als er alt war und nicht mehr arbeiten durfte, hat er zugleich Verlust und Lust gespürt. Er dachte, er sei nun frei und könnte mit Maria ein neues Leben beginnen. Aber so leicht war es nicht, immerhin war er Fünfundachtzig. Und es kam eine große Traurigkeit über ihn, dass er nicht mehr zu den Kranken gehen konnte und ihnen Trost spenden. Denn zu lieben und Trost zu spenden, sind die größten Dinge im Leben. Manchmal war er am frühen Abend, wenn die Amseln ihren melancholischen Gesang anstimmten von solcher Schwermut, dass Maria ihn über das ganze Gesicht küsste, um die Schatten zu vertreiben. Wenn er ungeachtet ihrer Liebe zu keiner Regung fähig war, kam sie mit dem Wein. Sie schenkte ihm ein, und er trank den Wein, der hüllte ihn ein, wie ein warmer Mantel gegen seine trüben Herbstgedanken.

Jetzt ist alles anders: er ist wirklich alt, muss Windeln tragen, sich von Clemens demütigen lassen. Jawohl, der Christ von gegenüber demütigt ihn. Nie im Leben hat *er* einen Menschen gedemütigt! Und dann der Geburtstag, den er nicht überleben wird. Man wirft ihn den Löwen vor. So dement ist er nicht, dass er nicht mehr denken kann: Sie alle wollen ein Stück von ihm! Maria will eine pompöse Messe, Clemens will ein Festessen beim Italiener und Berta einen Sektempfang. Was soll er mit einem Sektempfang, er kann weder stehen noch ein langstieliges Glas in Händen halten.

Je mehr Briefe Maria frankiert, um so sicherer ist sich Franz, dass sein Geburtstag gefeiert wird. Grimmig murmelt er: „Die feiern auch ohne mich, Hauptsache ich zahle die Zeche!" „Ach nein, beruhige dich, ich verspreche dir auch, dass wir nach dem 90. Geburtstag keinen weiteren mehr feiern werden." „Ja, weil ich dann tot bin!" Maria erhebt sich von ihrer Arbeit und schaut Franz streng an, das kann er überhaupt nicht vertragen. Es ist für ihn so, als würde sie „NEIN" sagen. Er fängt an zu weinen. Wie oft er in letzter Zeit weint…

6.

An seinem Geburtstag ist Franz ganz still, lässt sich an Marias Arm geleiten und tut alles, was sie will, wie ein stummes, verschüchtertes Kind. Während der ganzen Messe hat er das Gefühl, aus seinem Körper herausgetreten und ganz woanders zu sein. Das ist ein Trick, um das Brimborium zu ertragen. Zum Sektempfang, den Berta durchgesetzt hat, schickt er nur noch seinen Körper. Der lächelt blöd vor sich hin und hat nichts mehr mit ihm zu tun. Er selbst will nur eines: Schlafen. „Maria, ich bin müde… Ich will ins Bett!" Tatsächlich, Maria hilft ihm hoch, stemmt ihren zarten Körper an seinen und stützt ihn, bis sie beim Ausgang sind. Von nun an übernimmt der Pole die Führung, setzt ihn ins Auto, schleppt ihn bis in den zweiten Stock und legt ihn dann vorsichtig in sein Bett. „Endlich."

Am späten Nachmittag, der ganz außergewöhnlich still ist, wagt sich Maria an das Bett von Franz. Ihr Rufen weckt ihn nicht, da sie aber sieht, dass er gleichmäßig atmet, ist sie beruhigt. Sie zieht einen Stuhl zum Bett und sieht Franz lange an. Eigentlich war sie gerade in letzter Zeit mit ihm am glücklichsten. Als sie die ersten Windeln bestellte, die Auflage über die Matratze spannte, dachte sie, er sei nun hilflos wie ein Kind. Und irgend etwas gaukelte ihr vor, dass sie beide nun doch noch das ganze Leben vor sich hätten. Denn jetzt war Franz immer da – und sie immer für ihn. In dem Moment glaubte sie, es könnte sie nichts mehr trennen. An den Tod dachte sie nicht. Sie tut es auch jetzt nicht.

Franz weiß nicht, wie lange er geschlafen hat. Als er aufwacht, ist ein Fremder im Zimmer, der ihn sehr freundlich anspricht. Franz versteht ihn nicht, merkt nur, dass sein Kopf glüht. Der Mann macht sich an seinem Nachthemd zu schaffen, das stört Franz nicht, solange die Stimme freundlich bleibt. Später deckt Maria ihn zu und gibt ihm zu trinken. Es ist nur Wasser in dem Glas, er aber möchte Wein! Er kann sich nicht verständlich machen. Eine Zeit lang erträgt er den Zustand, dann wird er zornig, brüllt herum, knüllt die Bettdecke zusammen, wirft den Hocker um, der neben dem Bett steht.

Ein anderes Mal wacht er in einem fremden Bett auf. Er rüttelt an dem Gitter, das ihm den Ausstieg unmöglich macht. Liegt er denn in einem Gitterbett? Ist er denn ein Baby? Und wer hat ihn da hineingelegt? Er ruft, er fleht, er brüllt. Alles ist schwarz um ihn. Endlich macht jemand Licht und Maria steht vor ihm. Wie ist er dankbar, wie erlöst!

Dann – eine andere Zeit ist angebrochen, er hat lange in einem Nichts gelegen –, hört er Stimmen, verschiedene Stimmen. Er macht die Augen auf. Er liegt jetzt in seinem Arbeitszimmer. Was hat das zu bedeuten? Was wollen die Gesichter um ihn herum, die er nicht kennt? Sie sind wie Geister, die ihn an Menschen erinnern, die er früher einmal gekannt hat. Hat

Maria die Menschen eingelassen? Wie das, sie weiß doch, dass er keine Händler mag. „Raus“, möchte er rufen, sie vertreiben aus dem Tempel. Aber die Händler rücken näher an sein Bett. Sie umfassen das Gitter seines Bettes. Clemens ist einer von ihnen, ihn erkennt er zweifelsfrei. Er beugt sich über das Gitter und berührt seine Stirn. „Ich glaube, es ist bald so weit“, sagt er den Gesichtern. Was ist so weit, fragt sich Franz, von solchen Dingen hat Clemens noch nie etwas begriffen!

Aber irgend etwas stimmt mit ihm nicht, irgendeine Unruhe überfällt ihn. Sein Hals ist so trocken, die Luft so dünn. Es fängt an zu keuchen in ihm. Dann rasselt es in seiner Brust. Er will sich aufbäumen, um die Händler zu vertreiben, die ihm die Luft nehmen. Die frechen Kerle umfassen jetzt seine Hand- und Fußgelenke. Er versucht sie abzuschütteln.

Plötzlich fängt es fürchterlich an zu stinken. Er muss husten, wie früher als die Messdiener direkt vor seiner Nase ihre Weihrauchfässchen schwenkten. Maria hilf mir doch, denkt er. Aber sie steht bei den anderen am Gitter und singt mit ihnen. Als ob ihm Singen jetzt helfen würde.

Irgendetwas ist im Gange, das er nicht versteht. Es scheint etwas Ernstes zu sein. Etwas, das mit mit ihm zu tun hat. Er fängt an, sich Sorgen zu machen. Er weiß aber nicht, worüber. Er bekommt seine Hände frei, versucht den Ring vom Finger zu streifen. Das versucht er in letzter Zeit automatisch.

Sie greifen nach seinen Fuß- und Handgelenken. Das sollten sie nicht tun, da ist er empfindlich. Zu oft hat er diese Vergewaltigung in der Psychiatrie gesehen. Die armen Teufel damals. Er war ihr Beistand und konnte ihnen nicht helfen. Erstaunt stellt er fest, dass er selbst jetzt wie toll tobt. Das gefällt ihm! Ein Mal im Leben wird er ihnen zeigen, das sie ihn nicht bezwingen können. Und das eine Mal ist jetzt!

Er wirft sich hin und her wie ein Rasender: Der Ring soll runter und wenn er den Finger aus seiner Hand reißen muss. Es gelingt nicht. Er fällt zurück auf die Matratze, heiß ist sie, heiß. Er betrachtet für eine Sekunde die Gesichter, die sich über sein Bett beugen. Sie alle haben mich betrogen, wie sie hier stehen! Auch Maria! Er denkt nicht mehr, es rast in seinem Kopf. Wieder bäumt er sich auf, möchte diese beschwichtigenden Hände abschütteln, diesen ekelhaft sanften Gesang überbrüllen. Er will ihnen endlich sagen: „Ihr habt mich um mein Leben betrogen!"

Er hebt die Hände, versucht ein letztes Mal den Ring loszuwerden, den verfluchten Ring!

Die Einsamkeit der Ministerin

1.

Sie steht im Aufzug: seine Wände sind verspiegelt. Der Aufzug soll größer wirken, als er ist. Sie sieht sich in drei Spiegeln: frontal, im rechten Profil, im linken. Hinter ihr ist die Tür, die jeden Moment aufgehen kann.

Sie zwingt sich, zu lächeln. Ein Reflex, den sie gelernt hat. Sobald sie meint, angeschaut zu werden, lächelt sie – auch wenn es nur das eigene Augenpaar ist, das sich auf sie richtet. Als wäre sie eine andere Person, so forscht sie jetzt in den Spiegelungen des Glases, ob man ihr schon etwas ansehen kann. Sie meint: nein.

Warum also haben die Leute sie eben so eindringlich gemustert, als sie aus dem Sprechzimmer des Professors kam? Sie gibt sich die Erklärung selbst: Sie ist Politikerin und man kennt sie von Plakaten und aus dem Fernsehen. Aber nein, der wahre Grund ist der, dass sie, noch bevor sie zur Ministerin ernannt wurde, regelrechte Streifzüge durch die Stadt gemacht hat, um gesehen und erkannt zu werden; begleitet von zwei Bodyguards, die mit ihr im Gleichschritt gingen.

Sie waren überall aufgefallen: die Bodyguards in schwarzen Maßanzügen, sie in einem weißen aus Flanell. Die Männer waren wie archaische Krieger aufgetreten, die unter Einsatz ihres Lebens ein kostbares Gut an einen geheimen Ort bringen müssen.

Sie hat für diese Inszenierungen die Altstadt gewählt. Nicht wegen ihrer historisch bedeutenden Fassaden, sondern wegen der engen Gassen. Keiner, der ihnen entgegenkam, konnte ihnen ausweichen. Wie Moses das Wasser so teilte sie die Menge. Jeder, der sich rechts oder links an ihnen vorbei zwängte, musste die Prüfung über sich ergehen lassen. Denn wie ein Kind glaubt sie an Magie: hält man ihrem Blick stand, so handelt es sich um einen ihrer Wähler; ein Nichtwähler senkt die Lider. Das hat sich den Leuten eingeprägt, deshalb haben die sie eben auf dem Krankenhausflur so angestarrt.

Sie überlegt, während der Aufzug in die Tiefe fährt, ob die, die sie am liebsten Wähler oder Bürger nennt, ihr schaden können. Sie vermutet: ja. Das Volk ist immer schon darauf aus gewesen, Prominente wie sie leiden zu sehen. Die ganze Regenbogenpresse gibt ihr Recht. Sie wird also etwas unternehmen müssen, damit die Leute keine zweite Gelegenheit haben, sie hier in diesem Krankenhaus – das sie mit Bedacht gewählt hat – anzustarren und sich ihre Gedanken zu machen.

Eigene Überlegungen von Wählern, das hat sie früh in ihrer politischen Karriere gelernt, sind immer etwas Heikles. Nur in den seltensten Fällen kommen sie der Partei zugute.

Sie muss also heute noch die Klinikleitung ansprechen. Nein, das darf sie nicht selbst tun. Ihr Gönner wird das übernehmen, der sie zu der Person gemacht hat, die sie jetzt ist. Aber was wird sein Preis sein? Wird er überhaupt noch etwas für sie tun, wenn er von ihrer Krankheit erfährt?

Er ist alt, vielleicht wird er Verständnis haben. Nein, er hat noch nie Verständnis gehabt, nur Einfluss und Macht. Macht auch über sie. Sie war jung, als sie ihn kennenlernte und gleich verliebt in ihn – oder in die Art, wie er alle Schwierigkeiten aus dem Weg räumte, vor allem ihre. Sie war schüchtern, ein

Mauerblümchen, lispelte bei öffentlichen Auftritten, wurde rot, wenn Leute Fragen stellten und schämte sich ihrer Herkunft und ihrer krummen Beine. Er war dreist, das begeisterte sie.

Eben, vor einer halben Stunde, als sie im Sprechzimmer des Professors die Tragweite ihrer Diagnose begriffen hatte, war sie für einen Moment wie befreit. Er würde nach der Operation kein Interesse mehr an ihr haben, und sie könnte nach zwanzig Jahren endlich beginnen, ein eigenes Leben zu führen. Schon das Wort ‚Amputation' würde ihn abstoßen und verstummen lassen. Vor seinen Berührungen wäre sie in Zukunft sicher.

Aber jetzt braucht sie ihn, wie nie zuvor. Das Wort „braucht" klingt hässlich, aber es lässt sich durch nichts ersetzen. Noch mehr als vor seinen erzwungenen Intimitäten fürchtet sie sich vor den Leuten. Eigentlich weiß sie gar nichts über ihre Wähler. Manche kommen, ebenso wie sie, aus kleinen Verhältnissen. Aber gerade die kleinen Verhältnisse sind ihr verhasst und sie wird weiterhin alles dafür tun, nicht an sie erinnert zu werden. Deshalb liebt sie ihren Gönner vielleicht immer noch. Er kommt aus ähnlichen Verhältnissen wie sie und hat diese hässliche Welt verlassen. Er wird nie in sie zurückkehren. Sie hat diese Sicherheit nicht. Ihre Partei ist angeschlagen, sie hat Fehler gemacht.

Eine Fliege stößt wieder und wieder gegen den Spiegel, in dem sich die Ministerin betrachtet. Das Tier hinterlässt kleine kreisrunde Kleckse auf dem Glas. Es ist Frühsommer und schon schwül in ihrer Stadt. Wie wird man Fliegen von dem Operationsraum fernhalten, wie von frischen Wunden? Sie weiß es nicht, es wird ihre erste Operation sein.

Die Tür des Aufzugs öffnet sich, sie will hinaustreten – schon gefasst auf einen öffentlichen Auftritt. Sie strengt sich an, zu lächeln, trotz der Diagnose. Aber das Schummerlicht irritiert sie. Der Gang, den sie betreten möchte, ist kaum beleuchtet. Leere Klinikbetten stehen, eines hinter dem anderen an der linken Wand. Unter ihren fahlgrauen Überwürfen könnten Tote liegen. Sie ist bis in den Keller gefahren, sie hat einen falschen Knopf gedrückt. So einfach ist die Erklärung für einen kleinen Schrecken.

Bevor sie sich korrigiert und auf den Knopf „Ausgang" drücken wird, wartet sie einen Moment. Sie will sich etwas klarmachen; etwas, das nichts mit Wählerverhalten und Statistiken zu tun hat, sondern nur mit ihrer eigenen Situation. Sie zwingt sich, ihren Kopf nach rechts und links zu drehen – ohne, dass eine Kamera läuft – zwingt sich, mit den Augen den Gang abzuschreiten, den Geruch aufzunehmen, der hier unten aus den feuchten Wänden dringt. Sich kurz vorzustellen, hier zu liegen, hier zu enden.

Aber nein, sie ist Ministerin und wird alles dafür tun, einen Ort wie diesen in Zukunft zu meiden. Noch ist sie nicht tot, das bestätigen ihr die Spiegel. Sie sieht attraktiv aus; im Gegensatz zu den Patientinnen, die sie eben angestarrt haben. Das gefährliche an ihrer Krankheit ist, dass sie lange Zeit nur das Innere eines Menschen zerstört. Die äußere Erscheinung bleibt bis zu einer Therapie unbeschadet.

Vielleicht aber hat sich der Klinikleiter geirrt. Er ist alt und verbraucht. Seine Eitelkeit als Mann leidet darunter. Möglicherweise hat er schon vor Jahren die Kontrolle über seine Karriere verloren, den richtigen Zeitpunkt verpasst, um sich zurückzuziehen. Als Ministerin hat sie natürlich Informationen über ihn einholen lassen, obwohl alles sehr schnell gehen musste. Immerhin stehen sie mitten im Wahlkampf.

Er sei aus Verlegenheit, weil kein anderer zur Verfügung stand, in der Klinik eingesetzt worden. Unter Kollegen war er schon abgeschrieben. In früheren Jahren soll er einer der Besten gewesen sein im Land. Das kann sie von heute aus nicht beurteilen.

Es wäre auch denkbar, dass sie den Mann falsch verstanden hat, was ihre Aussichten betrifft. Zwischen Fakten und Schmeicheleien hatte sie am Ende nicht mehr unterscheiden können. Sie wird sich an einen ranghöheren Mediziner in einer anderen Klinik wenden, der jünger und kompetenter ist. Unter Umständen wird sie sich sogar in ihn verlieben. Ärzte haben sie schon als Kind beeindruckt. Heute schätzt sie nur noch die, die sich in Kliniken bis ganz nach oben gekämpft haben. Starke Hierarchien bringen starke Menschen hervor, in der Politik, wie in der Wirtschaft. Und nichts anderes sind Kliniken als Wirtschaftsbetriebe.

Sie denkt an ihre Arbeit als Vorstandsmitglied des Gremiums, das für Patientinnen geschaffen worden ist, deren Krankheit sie nun auch hat. Sie weiß, dass diese Krankheit nicht ansteckend ist. Trotzdem beschäftigt sie die Frage, warum es gerade sie getroffen hat. Sie, die sich in ihrer Partei dafür stark gemacht hat, finanzielle Mittel bereitzustellen, um sie in die Forschung zu investieren. Sie, die mit viel Geschick die Skandale der Klinik, der größten und angesehensten, abgewendet hat.

Wieder fordert der Spiegel sie heraus: „Lächle und straffe den Hals!"

Plötzlich möchte sie nicht weiterdenken: unter ihrem Dekolleté beginnt der Zerfall. Sie hat ihn gespürt: den Zerfall ihrer Partei; niemals hätte sie geglaubt, dass auch ihr Körper jetzt schon Anzeichen… Um ihr Gesicht verdichten sich grünliche Schatten; das muss an dem Kellerlicht liegen, das bis in die Kabine dringt. Sie weiß, würde sie so in die Öffentlichkeit treten, hätte sie keine Chance mehr.

2.

Jetzt sollte sie sich erst einmal auf den Aufzug konzentrieren. Auf den engen Raum, den sie vielleicht in nächster Zeit immer wieder betreten muss. Der Aufzug wird sie nach oben bringen wie das neue Parteiprogramm. Nicht umsonst hat ihre Partei Spendengelder investiert, um neue Wege zu gehen. Junge Leute rekrutiert, die ganz nah an den Wählern „dran sind“. Ein ordinärer Ausdruck, aber mittlerweile schätzt sie ihn.

Der Aufzug stottert und stolpert, als wäre er ein nervöser Redner, der auf einer Wahlveranstaltung, bei der es um viel geht, nicht die richtigen Worte findet, obwohl er sie unzählige Male eingeübt hat. Darüber ist sie hinaus. Seit sie vor Jahren zur Ministerin aufstieg, ist sie daran gewöhnt, das zu bekommen, was sie will.

In ihrer Kindheit war das ganz anders, schrecklich demütigend. Aber davon hat sie nur wenigen Vertrauten erzählt. Nein, jetzt schaut sie frontal in den Spiegel – sie hat sogar dem Foto zugestimmt, das sie und ihre Mutter zeigt – die alte Frau in ihrer ganzen Armseligkeit. Diese Demütigung hat sie auf sich genommen, um Bürgernähe zu gewinnen. Das Foto, im Atrium des Altenheims aufgenommen, hat der Partei als Wahlplakat viele Stimmen eingebracht.

Den Vorschlag, im Tierpark mit Kindern und neugeborenen Zicklein fotografiert zu werden, hat sie abgelehnt. Weder Kinder noch kleine Tiere passen zu ihr. Sollte sie ihren Ruhestand erleben, wird sie sich einen großen Hund anschaffen, mit einem Diplom aus einer angesehenen Hundeschule. Neben allem, was klein und bedürftig ist, sieht sie einfach lächerlich aus; das haben auch ihre Werbeleute eingesehen.

Die Langsamkeit des Aufzuges irritiert sie, auch die Stille, der sie ausgesetzt ist. Sie fühlt sich unbehaglich, weil sie nur die Stimme in ihrem Kopf hört und sonst nichts. Sie hat mit ihrem Fahrer ausgemacht, das Handy erst nach dem Verlassen des Gebäudes wieder einzuschalten. Sie wird sich daran halten, obwohl sie jetzt gerne mit ihrer Mutter sprechen würde.

Sie ist allein, allein in dem kleinen Raum mit den drei Spiegeln, dem verchromten Handlauf, mit dem sie sich anfreunden sollte – denn nach der Operation wird sie Halt brauchen – und ihrem von sechs Strahlern angeleuchteten Spiegelbild.

Plötzlich ist sie zuversichtlich. Der Parteiapparat und ihr Gönner werden sie nicht fallenlassen. Man wird sie, sollte sie nach der Operation in ein Tief geraten, wieder nach oben bringen. Sie hält inne, lächelt, jetzt ist ihr Lächeln echt, gerade hat sie eine neue Metapher gefunden für ihr Leben und für die Partei. Warum ist sie hier, an diesem Ort, in dieser Konzentration, nicht sofort darauf gekommen?

Der Aufzug als Sinnbild für das Leben wird jedem Bürger und Wähler einleuchten. Jeder kennt die Vorteile und die

Bedrückungen in diesem Apparat. *Der Aufzug* als Metapher für einen vorbildlichen Demokraten, der jedermann nach oben oder nach unten befördert – je nachdem, was er geleistet hat. Vorbildlicher noch als der Tod, der alle gleich behandelt.

Der Vergleich mit dem Tod lässt sie stutzen, sie weiß nicht, ob sie sich verrannt hat in ihren Gedanken. Mit Metaphern kennt sie sich nicht aus. Überhaupt weiß sie mit den meisten Begriffen, die sie im Munde führt, nichts anzufangen. Eine gute Schülerin war sie nie; Lernen war eine Qual; die Schule ein Ort der Angst. In den ersten Schuljahren vermied sie es, sich vor Lehrern zu äußern. Niemand von ihnen sollte erfahren, wie primitiv man sich bei ihr zu Hause ausdrückte.

Letztlich ist das der Grund, warum sie die Regeln ihrer eigenen Muttersprache bis zum heutigen Tag nicht begreift und nicht fähig ist, einen fehlerfreien Text zu schreiben. Ihre Genossen haben das hingenommen, vielen von ihnen geht es ebenso. Die Kunst ist, lange den Mund zu halten wie ein Schüler und im entscheidenden Moment eine vorzügliche Rede zu halten, die ein anderer geschrieben hat. Die Zunge dabei so geschmeidig zu bewegen, als sei es die eigene Kreide, die man gefressen hat.

Über die Bürger in ihrer Stadt, die ihr während ihrer Reden spontan zujubeln, wundert sie sich. Sie hat keine Menschenkenntnis; sie weiß nicht: machen die sich lustig über die Schwächen ihrer Ausdrucksweise? Besonders viele Akademiker befinden sich angeblich unter ihren Wählern. Das kann sie kaum glauben.

3.

Eben, im Zimmer des Professors, hatte sie den Eindruck, er und sie sprächen verschiedene Sprachen. Nicht weil er einer von den Ärzten ist, die den Patienten mit Medizinerlatein einschüchtern wollen – im Gegenteil, alles, was er sagte, brachte er behutsam hervor in einfachen, klaren Worten. Schließlich wusste er, schon bevor sie sein Zimmer betrat, wen er vor sich haben würde. Und trotzdem hatte sie ihn nicht verstanden – verstand ihn vielleicht noch immer nicht.

Sie fragt sich, ob in dem Augenblick, als sie das Krankenhaus betrat und in der Eingangshalle ihre Hände sterilisierte, etwas mit ihr passiert ist. Etwas, das sie aus ihrer Welt riss, die sie sich so mühsam aufgebaut hat, so dass es ihr auf einmal schwer fiel, Gesprächen zu folgen. Ist es der Geruch des Ethanols, der sie untergründig in Panik versetzt? Im Altenheim ihrer Mutter meidet sie den Desinfektions-Spender, obwohl ein Schild die Besucher dringend zum Gebrauch auffordert.

In jedem Winkel, auf jeder Etage, im ganzen Gebäude dominiert die süßliche Schärfe des Ethanols die dumpfen Essensgerüche, die an den Wänden kleben. Auch im Aufzug ist sie diesen Ausdünstungen ausgesetzt. In diesem abgeschlossenen Raum nimmt sie die Gerüche noch intensiver wahr, als würden sie durch unsichtbare Rohre geleitet aus kleinen Düsen hervorquellen, die dem menschlichen Auge verborgen bleiben. Sie bildet sich ein, die Schwaden hätten eine schmutzige Farbe und ein gewisses Gewicht, das von oben nach unten sinkt; und während sie die Kabinendecke aufmerksam inspiziert, denkt sie an die kleine Gaskammer, in der sie damals alleine stand, als ihre Partei einem Konzentrationslager einen offiziellen Besuch abstattete.

Mit einem Ruck, der große Willensanstrengung verrät, verbietet sie sich die Erinnerung und wendet sich wieder ihrem Spiegelbild zu. Für eine Sekunde ist sie sich fremd, der Riss in der Beziehung zwischen ihrem Körper und ihrer Seele zeigt sich. Dann festigt sich ihr Blick und das gibt ihr Halt. Sie nestelt an ihrem Handy, stellt es gegen die Abmachung auf Empfang und versucht ihre Mutter anzurufen, die einzige Verwandte, die sie hat. Sie weiß nicht, was sie ihr sagen soll. Vielleicht wird sie schweigen und das Telefonat beenden, wenn sich ihre Mutter meldet. Auf keinen Fall will sie ihre Mutter weinen hören.

Immer noch leuchtet der Knopf des Untergeschosses auf, obwohl sie an den Vibrationen unter ihren Füßen merkt, wie sich die Kabine bewegt. Enttäuscht steckt sie das Handy zurück in die Tasche, sie hätte wissen müssen, dass es an einem Ort wie diesem keinen Empfang gibt. Plötzlich ist sie traurig wie früher als Kind, wenn sie fürchtete, von ihrer Mutter, die sie irgendwo in einer Einkaufspassage stehengelassen oder bei irgendwelchen Fremden abgegeben hatte, vergessen worden zu sein.

Automatisch öffnet sich in ihrem Rücken die Tür; gebannt schaut sie in den Spiegel und wartet, wer einsteigen wird. Sie hat nicht vor, sich umzudrehen und ihre Position als Beobachterin aufzugeben. Noch ist sie Politikerin und daran interessiert, das Verhalten ihrer Wähler zu studieren. Im Grunde aber will sie sich niemandem zeigen; deshalb breitet sie die Schulterblätter aus und verdeckt ihr Spiegelbild, als müsse es vor fremden Blicken geschützt werden.

Bevor sie merkt, dass niemand in die Kabine einsteigt, trauert sie dem vorherigen Zustand nach, als sie allein in ihr stand und ihren Gedanken nachhängen konnte. Gedanken, für die sie in ihrem politischen Alltag keine Zeit hat.

An dem kühlen feuchten Kellergeruch erkennt sie, dass der Aufzug wieder im Untergeschoss zum Halten gekommen ist. Oder hat er sich gar nicht bewegt und sie sich das Gefühl nach oben getragen zu werden, nur eingebildet?

Sie hört auf das Glucksen, Pochen und Ticken in den Rohren, die hier im Keller zusammenlaufen. Auf einmal ist sie müde, sehr müde. Sie zieht einen würfelförmigen Karton, der neben der Aufzugtür steht, aus dem Flur in den Fahrstuhl und lässt sich auf ihm nieder. Er gibt unter ihrem Gewicht leicht nach, als säße sie am Rand eines Schlauchbootes. Sie begreift gerade noch, dass sie auf einem prall gefüllten Paket mit Infusionslösung sitzt, das man vielleicht vergessen hat, auszupacken. Dann reißen für einen Augenblick die Fäden ihrer Gedanken und sie sinkt tief ein in eine weiche Kühle.

4.

Wie ein alter Mensch, der am Ende des Tages sein Hörgerät aus dem Ohr nimmt, ist sie erstaunt über die Stille der Welt. Der Lärm, an den sie so gewöhnt ist, dass sie ihn für einen Bestandteil des Lebens hält, scheint aus diesem Teil des Gebäudes verbannt. Sie hört nur das Pochen in den Rohren und ihre eigenen Gedanken.

Ein langer Gang liegt vor ihr. Sie scheint sich in ihm schwerelos nach vorne zu bewegen wie in einem dämmrigen Tunnel. Während sie sich bewegt, lauscht sie auf das Pulsieren des Blutes in ihrem linken Ohr, auf das Klopfen ihres Herzens und auf die seltsamen Töne, die ihre Gedanken erzeugen. Sie sind derart scharf von einander abgegrenzt, dass sie bei jedem neuen Ton leicht zusammenfährt. Sie fragt sich, ob in dem Moment, als der Fahrstuhl im Keller haltmachte, etwas mit ihr passiert ist. Etwas, das ihre Wahrnehmung und Gedanken verändert.

Sie hat zwei, drei Mitarbeiter, die an Tinnitus leiden: alles gestandene Männer. Und doch gab es Zeiten, da verging kein Tag, an dem sie nicht über die Störung klagten. Ein jüngerer ist darüber fast verrückt geworden; sobald er Schlaf suchte, begann ein Ton tief in seinem Ohr sich bis unter die Schädeldecke zu bohren. Er sagte, er wolle lieber sterben, als jede Nacht ohnmächtig auf seinen Feind warten.

Bei ihr, da ist sie sich sicher, handelt es sich um etwas anderes, und wenn ihr auch das Ganze irreal erscheint und die Töne unangenehm sind, horcht sie doch auf jeden in höchster Konzentration, als höre sie zum ersten Mal in ihrem Leben sich selbst.

Obwohl sie sich nur danach sehnt, endlich schlafen zu können, geht sie den Gang auf und ab. Sie weiß, dass ihre frühere Existenz beendet ist und sie sich einer neuen Realität stellen muss. Denn in diesem Gebäude herrschen andere Gesetze, die alles, was sie gewesen ist und erreicht hat, nicht anerkennen.

Je länger sie sich in dem schlecht beleuchteten Flur aufhält, umso schärfer wird ihre Wahrnehmung. Die Kritzeleien an den Wänden, die sie in den ersten Minuten kaum bemerkt hat, ziehen jetzt ihren Blick an. Zwar möchte sie nicht zu nah an die Betten herantreten – wie ein Kind fürchtet sie, dass unter den Überwürfen das verborgen sein könnte, wovor sie am meisten Angst hat – trotzdem beugt sie sich zu einem und liest die Zeilen, die über dem Metallgestell in den Verputz der Wand graviert sind – vielleicht mit einem Messer? Sie wundert sich über die schöne gleichmäßige Schrift: „Omnia tempus habent". Etwas versetzt darüber steht: „Media vita in morte sumus".

Sie versteht kein Latein. Und doch beeindrucken sie die Sätze, von denen sie annimmt, dass sie so viel Gewicht haben wie ein Urteilsspruch. Plötzlich machen ihr die fremden Worte Angst und sie beginnt sich zu schämen für die Phrasen, die sie während des Wahlkampfs im Munde führen muss. Die sie eben noch, als sie geschützt neben ihrem Fahrer saß, für patent gehalten hat.

Sie denkt an die Plakate, die sie heute morgen vom Autofenster aus gesehen hat. Auch wenn sie mit ihren Vorahnungen beschäftigt war und alles nur schemenhaft wahrgenommen hatte, kamen ihr die Slogans auf einmal absurd vor. Besonders die berührten sie unangenehm, auf denen fordernde Kleinkinder zu sehen waren, die nicht nach ihren Müttern rufen, sondern nach staatlicher Erziehung. Wer, wie sie, die ‚Karriere' eines Schlüsselkinds hinter sich hat, weiß, was von so einer Propaganda zu halten ist.

Schon zu Beginn ihrer Laufbahn als Politikerin hat sie gelernt, sich rückhaltlos zu belügen. Das war die Voraussetzung für ihren Erfolg. Würde man sie jetzt, in diesem Augenblick hier im Krankenhauskeller zwingen, die Parolen zu wiederholen, die sie mit ihren Kollegen noch vor wenigen Monaten ausgearbeitet hat, sie würde verstummen.

Sie versucht den Mund zu öffnen und einen Laut von sich zu geben. Sie will sich ihrer Stimme vergewissern. Ob sie überhaupt noch fähig ist zu sprechen, in dieser seltsamen Unterwelt? Sie hört nichts als die Stille und ein fernes Rauschen. Das Rauschen hat die Farbe Grau, als wäre es die Summe aller Geräusche in der Welt.

Ohne Anlass kommt ihr der Mann in den Sinn, der in ihrer Kindheit vor der Einkaufspassage eine Tinktur gegen Haarausfall anbot: Ein drahtiger Kerl, der unentwegt um seinen Verkaufsstand tänzelte, jeden ins Gespräch zog, auch sie, das schüchterne Kind, und der am Ende des Tages nicht einmal fünf Flaschen verkauft hatte.

Alles, was den Mann betraf, der jedes Jahr wieder in ihre Stadt kam, machte ihr Angst. War sie doch von Mal zu Mal mehr davon überzeugt, dass er ihr Vater sein könnte und in genau so erbärmlichen Verhältnissen lebte wie sie und ihre Mutter. Sie kam erst von der Vorstellung los, als sie ihm eine Flasche abkaufte und er ihr Geld, das aus vielen kleinen Münzen bestand, mitleidig entgegennahm und sie fragte: „Kleine, wozu brauchst du denn Haarwuchsmittel? Behalte doch dein aufgespartes Geld und kauf dir Süßigkeiten."

Sie hatte den Kopf geschüttelt, war dabei hochrot geworden und hatte die Flasche unverzüglich in ihre Manteltasche gesteckt. Lächerlich kam sie sich vor, in ihrem viel zu großen Mantel, den ihre Mutter von irgend einem alten Hausmütterchen geschenkt bekommen hatte, für das sie immer den Wocheneinkauf machte. Und noch dazu hatte der Verkäufer sie durchschaut, was brauchten sie zu Hause Haarwasser!

Die Begegnung mit dem Propagandisten ist ihr eine Lehre fürs Leben: Mitleid hat sie seitdem mit niemanden mehr empfunden. Denn: wie schnell verkehren sich die Verhältnisse. Eben noch fleht dich ein Bettler an, im nächsten Moment spuckt er dir vor die Füße, weil du nur Kleingeld in seinen Becher geworfen hast.

Den Propagandisten hat sie nicht vergessen, er wurde zum Sinnbild ihrer Kindheit, der bedrückenden Enge, die sie erfolgreich hinter sich gelassen hat. Hier, auf das kalte Metall des Krankenhausbettes gestützt, scheint ihr der Abstand zwischen ihnen nun nicht mehr groß.

In Wahrheit hat sie sich nie darum bemüht, ihren Vater kennen zu lernen. Ihrer Mutter war der Mann gleichgültig, so gleichgültig, dass sie der Tochter Adresse und Telefonnummer gegeben hätte. Aber die Tochter schämte sich, das Thema auch nur zu berühren.

Jetzt hätte sie Nachforschungen veranlassen können, ohne sich selbst mit der Sache zu tief zu beschäftigen. Sie hatte einige zuverlässige Mitarbeiter, die ihr gerne durch eine so delikate Aufgabe ihre Loyalität einmal mehr unter Beweis gestellt hätten. Aber sie veranlasste nichts. Und immer seltener erschien das Bild des Haarwasserverkäufers vor ihrem inneren Auge.

Dabei konnte ihr Vater auch ebenso ein reicher Mann sein… aber nein, sie glaubt nicht mehr an ihren Kindertraum!

Wie sie ihren Vater nicht wirklich hatte kennenlernen wollen, so hat sie sich auch nie darum bemüht, das Wesen ihrer Wähler zu begreifen. Das Volk ist ihr fremd, wie Haustiere und Nachbarn. Wird sie von ihnen umschmeichelt, ist sie zufrieden. Nie würde sie dem nachgeben, was Wähler sich für die Zukunft des Landes oder ihr eigenes Leben wünschen. Nein, der Politiker hat die Pflicht, das vorzugeben, was er für notwendig hält und so zu tun, als würde er die Sehnsüchte der Menschen kennen und ihre Wünsche erfüllen.

5.

Mittlerweile hat sie sich auf das Bett gesetzt. Während sie noch überlegt, ob sie sich einen Augenblick ausstrecken soll, hat sie schon den Überwurf beiseitegeschoben und sich auf der Matratze ausgestreckt. Das Desinfektionsmittel steigt ihr in den Kopf, es benebelt sie ein wenig. Endlich wird sie schlafen können.

Ihre Gedanken sind ruhiger geworden, die Töne leiser; wie in einem Fluss forscht sie weiter in den Untiefen ihrer Vergangenheit. Sie entsinnt sich, diesen Flur schon einmal entlang gegangen zu sein bei irgendeinem Jubiläum oder in der Zeit, als die Klinik kurz vor der Schließung stand. Man hatte sie als Ministerin um Beistand gebeten; natürlich lag es auch in ihrem Interesse und dem des Landes, die größte Klinik mit mehr als fünfzehntausend Arbeitsplätzen zu erhalten. Sie tat also, was man von ihr verlangte. Damals hielt sie sich für unverletzlich; glaubte, Macht über Menschen zu besitzen – auch über ihren Gönner. Sie glaubte, ihn manipulieren zu können, bis zu dem Punkt, dass er sie wirklich liebe. Sie war eine Närrin.

Der Anatom, der sie mit einer Gruppe von Investoren am Ende der Führung – unvorbereitet und gegen das Unbehagen aller – in den Keller gelotst hatte, erklärte ihnen, warum gerade

Keller für Kliniken unentbehrlich sind. Sie versucht sich sein Gesicht in Erinnerung zu bringen: ein Spiel, um sich wachzuhalten. Denn es wäre ihr doch peinlich vor dem Personal, schlafend auf einem dieser unbezogenen Betten gefunden zu werden.

Der Anatom hatte einen sehr blassen Teint, einen schönen gebogenen Mund, dessen ironisch gekräuselte Oberlippe wie bei einem Clown mit einem Lippenstift nachgezogen schien. Der Mann sprach laut, manchmal überschlug sich seine Stimme. Wie hatte sie sein zur Schau gestellter Optimismus amüsiert! Im Grunde tat er dort im Keller nichts anders als sie auf Wahlkampfveranstaltungen.

Sie dreht ihren Kopf leicht nach rechts, um die Türen – schwere metallene Brandschutztüren mit Bullaugen – in den Blick zu nehmen. Sieben kann sie erfassen, die anderen verhüllt das Dunkel. An keiner befindet sich ein Schild, das die Zweckbestimmung des Raumes erklärt, wie das auf den oberen Etagen der Fall ist.

„Die Menschen, die hier unten arbeiten", erläuterte der Anatom damals, „brauchen keine Anweisungen und verlassen auch das Dunkel nicht."

Besonders der letzte Teil des Satzes war für sie unverständlich. Ganz kurz hatte sie ihre Rolle als optimistische Politikerin abgelegt und ihn prüfend angeschaut. Unterdessen scharte sich die Gruppe um eine der Türen, zwei Investoren traten vor und stellten dem Anatom leise ihre dringlichsten Fragen. Als der Anatom erkannte, dass er in Gefahr war, in der Erklärung des Kellers und seiner Räume für lange Zeit aufgehalten zu werden, ging er zu ihr, der Ministerin, legte die linke Hand behutsam auf ihre Schulter, er berührte sie dabei kaum, und zeigte mit der rechten auf die eine Tür, die ein bläulich schimmerndes Bullauge besaß. Er flüsterte:

„Die Sache verhält sich folgendermaßen. Ich bin hier im Keller zum Aufseher bestellt. Meine Aufgabe besteht darin, das gewöhnliche Personal von dem anderen fernzuhalten. Das ist notwendig, denn die Arbeit der einen darf die der anderen nicht behindern. Die *Gewöhnlichen*, man erkennt sie an ihren blauen Kitteln, verwalten hier unten die Toten, die Leichenteile, die giftigen Chemikalien, die Reinigungsroboter und die Patientenakten. Man kann sie zu bestimmten Zeiten auf dem Flur antreffen.

In der Minderzahl sind aber jene, die die eigentliche Arbeit verrichten, ohne die eine Klinik heutzutage nicht mehr existieren kann. Also muss ich die *Außerordentlichen Arbeitnehmer* von den *Gewöhnlichen* absondern, die zudem zwei Köpfe größer sind und den *Außerordentlichen* gefährlich werden könnten. Jene, wenn auch kleiner und zarter von Statur, sind in jeder Hinsicht zäher und ausdauernder als die *Gewöhnlichen*. Sie benötigen wenig Platz, der Holzbedarf für ihre Arbeitskojen, in denen sie auch schlafen, ist gering. Ihre Augen, an Dunkelheit gewöhnt, da sie viel Zeit in Containern verbracht haben, sind auf keine zusätzlichen Lichtquellen angewiesen. Der Stromverbrauch, dem die Verwaltung in anderen Abteilungen kaum Herr werden kann, ist bei ihnen lächerlich gering. Selbst die Verpflegungsfrage stellt sich nicht, da sie das zu essen wünschen, was Patienten übrig lassen. Jene sind selbstreinigend, selbstgenügsam und selbstvergnügt. Allerdings hat man ihnen zugestehen müssen, ihre Arbeitsgeräte Tag und Nacht laufen lassen zu dürften, denn das blaue Flackern auf den Bildschirmen stillt ihr Heimweh.

Sie kommen von weit her, bleiben unter sich und treten nicht in Erscheinung. In ihrer Heimat kennen sie nur die primitivsten Vorrichtungen, um sich vor der Sonne und Hunger zu schützen. Hier würden sie sich mit Händen und Füßen dagegen wehren, wenn man sie aus ihren schattigen Kojen in die obere Etage zum Licht führen wollte.

Zahlungsmittel kennen sie nicht und bedürfen ihrer nicht, allenfalls muss eine einmalige Ablösesumme für die bereit gestellt werden, die sie in Schlauchbooten über das Meer gebracht haben. Sie produzieren keinen Unrat, sollte doch einmal ein Kind zum Vorschein kommen, wird es zehn Tage nach der Geburt in ein Sauerstoffzelt gewickelt und zurück in die Heimat geschickt.

Dort, sobald die Kinder den Windeln entwachsen sind, kümmern sie sich um die Alten, die unzählig auf einer Insel leben. Statt ihrer Eltern pflegen die Kleinen die zahn- und kinderlosen Großeltern, bis der Tod sie scheidet. Damit erfüllen die Enkel den Generationenvertrag, der sich hier in Europa kaum durchsetzten lässt. Sie werden zur Stütze der Gesellschaft, bis ihr Fernweh überhand nimmt, sie einen Schleuser gefunden haben und aufbrechen zu uns …

Wir nennen jene unter uns: *Die Säuberer*, als handele es sich um die Truppe einer Reinigungsfirma. Im übertragenen Sinn stimmt das – obwohl sich zu ihren Arbeitsplätzen kein Stäubchen verirrt, wie die Verwaltung ihnen gegenüber gerne herausstreicht –, sind sie dafür zuständig, allen digitalen Unrat, der über unsere Klinik verbreitet wird und sich auf unseren

Rechnern anhäuft, zu beseitigen. Ohne *Die Säuberer* hätte wir nach dem zweiten Skandal hier die Pforten schließen müssen.

Wir sind so erfolgreich, dass auch andere Kliniken und internationale Konzerne großes Interesse an diesem neuartigen Verfahren zeigen. Wir haben eine Maschinerie der Säuberung in Gang gesetzt, die gigantisch ist." Und seine Stimme noch einmal senkend, ergänzte er: „Das sage ich nur Ihnen, es wird nicht bei der Vernichtung digitalen Unrats bleiben, wir sind schon einen Schritt weiter, ohne dass es jemand bemerkt hat: Wir beginnen, Sprache zu reinigen, mit dem Ziel, Gedanken sauber zu halten. Unsere Dienstleistungen können gerade auch für Sie als Politikerin bedeutsam werden, um die Sehnsüchte ihrer Wähler genauer einschätzen und lenken zu können."

6.

Zu Gesicht bekommen hatte die Ministerin seinerzeit nur die Leute in den blauen Kitteln. Obwohl sie ihre Neugier vor dem Anatom kaum verbergen konnte, auch *Jene* einmal bei ihrer Tätigkeit beobachten zu dürfen, von der sie sich kein Bild machen konnte. Er, die Geduld in Person, der jedem der Investoren, die einzelnen Kühlfächer, die Desinfektionskanister, die Bohnermaschinen gezeigt hatte, schüttelte bei ihrem Wunsch traurig den Kopf:

„Ich muss gestehen, dass sogar ich, als ihr Aufseher und Beschützer, sie nur durch das Glas des Bullauges gesehen habe. Denn sie sind befallen von einem seltsamen Virus, das auf ihrer Insel heimisch ist. Ein Virus, das ihnen nicht schadet, uns aber töten kann. Deshalb müssen sie, wenn sie einmal ihr Land verlassen haben, in ewiger Quarantäne leben."

Jetzt, denkt die Ministerin, während sie sich im Bett aufsetzt – der Ton in ihrem Kopf beginnt wieder lauter zu werden –, wäre die Gelegenheit, die Sache selbst in die Hand zu nehmen. Sie rutscht von der Matratze und eilt den Flur entlang; die Tür mit dem blauen Bullauge wird sie schon finden. Horchend und auf Zehenspitzen gehend, nähert sie sich einer am Ende des Flurs liegenden Tür.

Sie weiß von der Existenz der bleichen Gestalten hinter der Tür, von den kleinen Menschen, ihren flinken Bewegungen, stellt sich ihr aufgeregtes Flüstern vor, wenn plötzlich ein Fremder die Tür öffnet. Wie sie von ihrer Arbeit aufspringen, vor ihren Tischen und Geräten Haltung annehmen, sobald das zähflüssige gelbe Licht des Flures in ihre dunkelblauen Kabinen fällt.

Aber sie weiß nichts von der Tätigkeit, die sie verrichten, nichts von ihrem Daseinszweck in der Fremde. Sie denkt an sie wie an Meeresbewohner, die in einer solchen Tiefe leben, in die keine Sonne mehr dringt. Auf einmal hat sie Angst, ein Reich zu betreten, in dem alle Wesen wie auf dem Grund des Meeres leben und nur Dunkelheit kennen. Vielleicht wird man sie hassen, wenn sie die Tür öffnet und Licht in ihr Schattenreich bringt?

Es sind Keller – nicht Dachböden –, die das verbergen, was Menschen nicht sehen wollen. Als müsse das Schreckliche kühl und dunkel gelagert werden, damit die Sonne es nicht an den Tag bringt, denkt sie. Sie erinnert sich wage an den ersten Skandal der Klinik, als sich ein Patient der Psychiatrie in einem der Toilettenräume im Live-Stream umgebracht hatte. Das Video war mit Namen und Adresse der Klinik versehen worden und hatte bald in der ganzen Welt Follower. Und obwohl der junge Mann keine Anklage gegen seine Ärzte erhoben hatte, sondern stumm gestorben war, wollte niemand mehr die Abteilung betreten. Schließlich musste die Klinik sie auflösen.

Vielleicht ist sie auf der richtigen Spur, vielleicht ist es die Aufgabe *Jener*, Videos zu löschen, bevor sie Schaden anrichten. Das Video, das eine Krankenpflegerin der Geriatrie aus Verzweiflung ins Netz gestellt hatte, war nach kurzer Zeit nicht mehr auffindbar, obwohl Journalisten und die *Lobby für Ältere* an der Geschichte Interesse hatten.

Zu sehen war eine sehr alte Frau in ihrem Bett, dement und ängstlich, die von einem Pfleger in der Nacht grausam gepeinigt wurde. Die Leitung der Station hatte der Krankenschwester, die die Misshandlung anzeigen wollte, nicht geglaubt. Erst als das Video im Netz stand, reagierte die Klinikleitung. Der Pfleger bekam ohne weiteres eine neue Stelle in einer anderen Klinik, die Urheberin des Videos wurde fristlos entlassen. In einer Anfrage beim Arbeitsamt durch ihr Ministerium wurde einer ihrer Mitarbeiterinnen gesagt, keiner wolle die Frau beschäftigen, nicht einmal Altenheime, die sonst jeden nahmen.

Das Video war einfach weg, denkt sie, und somit für die Gesellschaft auch der Missstand. Die Ministerin beginnt erst jetzt zu begreifen, was in den Aufgabenbereich *Jener* fällt und wie grauenhaft die Arbeit ist, die *Jene* verrichten.

7.

Vielleicht ist es kein Zufall, dass sie hier gelandet ist, vielleicht sollte sie sich auf dieser Etage einrichten, viel Kraft hat sie nicht mehr. Und gehört sie denn nicht hier hin seit ihrer Geburt? Zu *Jenen*, die niemals aus dem Schatten treten? Die vor dem Auge der Öffentlichkeit verborgen gehalten werden? Die unsichtbar ihre Arbeit verrichten, ohne je ihre Stimme erheben zu können? Die niemand vermisst, wenn sie verschwinden und um die niemand trauert, wenn sie sterben.

Ein tiefes Schuldgefühl bemächtigt sich ihrer: Auf einmal hat sie Sehnsucht nach ihrer Mutter. Warum, fragt sie sich, hat sie als Ministerin so viel für die Partei und nichts für ihre Mutter getan? Warum hat sie sich geschämt neben der alten Frau, als man die Fotos für das Wahlplakat machte? Ihre Mutter ist eine von den unzähligen Alten, von denen am Ende nur noch Kinder auf der Straße Notiz nahmen. Sobald ihre Mutter nach draußen trat, schallte es ihr entgegen: "Da kommt die alte Hexe"! Die Mutter hat es schweigend hingenommen, immer wieder hingenommen.

Auch sie selbst hat die Leistungen ihrer Mutter nicht anerkennen können. Die war eben nur eine Kassiererin in einem der billigsten Discounter und ihr Leben lang in gebrauchter Kleidung herumgelaufen. Noch im Rentenalter arbeitete sie Samstags bis spät Abends an der Kasse, weil das Geld für nichts reichte.

Was macht der Keller mit ihr, dass sie zum ersten Mal an die Wünsche und Sehnsüchte der Menschen denkt, die auf der Schattenseite des Lebens stehen? Wird sie hier unten womöglich zu einer Art Umkehr aufgerufen? Und von wem, sie ist nicht religiös!

Vielleicht sollte sie endlich ihre letzten Kräfte zusammen nehmen, um aus dem Keller herauszukommen. Vielleicht sitzt sie hier in dem dunklen Loch wie in einer Falle? Wahrscheinlich benötigt sie nur etwas Licht, etwas Sonnenlicht, um wieder auf normale Gedanken zu kommen.

Während sie angestrengt nachdenkt, wo sich der Ausgang des Kellers befindet, legt sich eine Hand auf ihre Schulter und die Stimme eines jungen Mannes dringt an ihr Ohr.

Sie erwacht. Die Infusionslösung, auf der sie sitzt, ist ganz warm gewordenen und klebt ein bisschen an ihren Oberschenkeln. Beschämt stammelt sie: „Entschuldigung. Ich bin wohl kurz eingeschlafen“. Der junge Mann hilft ihr auf. Sie bemerkt gleich, dass er sie nicht erkennt. Während sie noch nachdenkt, ob ihr das gelegen kommt oder sie kränkt, sagt er: „Es ist sehr stickig hier in der Kabine, Sie benötigen jetzt unbedingt frische Luft!“ Ungefragt drückt er die Taste ‚Hauptausgang‘.

Während der Fahrstuhl sie beide nach oben bringt, wagt sie nicht, ihr Spiegelbild zu suchen. Statt dessen streicht sie unermüdlich ihr Jackett glatt. Ein kurzer Klingelton und die Fahrstuhltür öffnet sich. Ihr persischer Fahrer lächelt sie heimatlich an, reicht ihr den Arm und zieht sie zu sich in die lichtdurchflutete Haupthalle. „War es so schlimm?“, flüstert er, als sie den Ausgang erreicht haben.

Sie schweigt, bis sie auf dem Parkplatz vor ihrem Dienstwagen stehen. Er öffnet ihr die Tür und hilft ihr, wie immer, beim Einsteigen. Als er ihren Arm loslassen möchte, hält sie ihn einen Augenblick lang fest und schaut ihm direkt in die Augen: „Es war ein Irrtum. Mir fehlt nichts". Und nachdem sie es sich in ihrem luftgepolsterten Sitz bequem gemacht hat, fragt sie: „Zu dem Grill-Abend der Parteifreunde im Stadtpark werden Sie mich heute doch noch begleiten, oder?" Kokett fügt sie hinzu: „Sie können mich nach so einem Tag nicht im Stich lassen!"

Sie nimmt eine aufrechte Haltung ein, sieht nach ihrem Dekolleté, rückt mit der ihr eigentümlichen Handbewegung die Frisur zurecht und fordert: „Los gehts!"

Das weiße Sofa

1.

Einmal hatte das weiße Sofa ihre ganze Hoffnung ausgedrückt: auf ein glücklicheres Leben. Die elenden Jahre in der möblierten Wohnung lagen hinter ihnen und die Erinnerung an die große Villa, die fast zwei Jahrzehnte ihr ganzer Stolz gewesen war, verblasste langsam.

Obwohl sie die Villa nie restlos vergessen konnten, in der sie die beste Zeit ihres Lebens verbracht hatten. Man schritt auf die Vorderfront durch einen hohen Laubengang zu, der aus grauen, altersschwachen Douglastannen bestand, die ein mitfühlender Gärtner für sie noch einmal beschnitten hatte. Dann stieg man fünf Treppen aus rotem Sandstein hinauf und stand vor einer zweigeteilten Holztür, die von einem vollkommenen Rundbogen nach oben hin abgeschlossen und groß genug war für die Durchfahrt einer Kutsche. Der Vorflur, den man nun betrat, war hoch und licht, der weiße Stuck an der Decke heiter, wie die Wolken auf einer Deckenmalerei in einer barocken Kirche, und die hellgelb getünchten Wände leuchteten wie von Sonnenlicht beschienen.

Der Vorflur war wiederum von einer Tür vom eigentlichen Treppenhaus abgetrennt. Die zweiflügelige Tür, die man glaubte nur leicht antippen zu müssen, klemmte, so dass man ihre Klinke energisch nach unten drücken musste, um sie zu öffnen. Das

Holz der Tür war weiß gestrichen und erinnerte von der Form her tatsächlich an das Flügelpaar eines Engels, das an seinen äußeren Schwingen gegeneinander gesetzt worden war. Je vier Glasscheiben unterteilten einen Flügel, das Glas war leicht gewellt und mit Einschüssen versehen, hierdurch erschien das Treppenhaus hinter den Scheiben leicht verzerrt.

In dem Treppenhaus, das so viel Platz bot wie ein schlankes Reihenhaus, wand sich eine honigbraune Holztreppe in harmonischen Schwüngen die zwei Stockwerke hinauf, die das Haus besaß. Der Steinboden des Hochparterres, auf dem man nach dem Eintreten stand, war mit rautenförmigen Fliesen in blau, weiß und schwarz ausgelegt, in einer Anordnung, die dem Auge wohltat.

Das Wohnzimmer erreichte man durch einen parallel verlaufenden Nebenflur, der niedriger von der Decke her war und schmucklos; man hatte wohl nachträglich einen Teil des ursprünglichen Flurs abgeteilt. Dieser wenig ansprechende Korridor vergrößerte sich plötzlich nach oben hin durch einen Absatz in der Decke, so dass die Tür zum Wohnzimmer wieder den Proportionen entsprach, die den großzügigen Stil des Hauses ausmachte.

Man betrat ein weitläufiges Zimmer, das eigentlich einmal in zwei gleich große Teile untergliedert war, die schlichte Schreinerarbeit einer aus der Wand vorspringenden Türzarge war noch in der Mitte des Raums zu sehen. Jeder der beiden Teile hatte drei große Fenster, die mit einer Ausnahme in den Garten zeigten. Vor den Fenstern an der Längsfront des Zimmers standen brusthohe Hortensienbüsche, die bei dem Einzug des Paares gerade zu blühen anfingen. An ihrem kümmerlichen Grün und den verholzten Trieben sah man, dass sie recht alt waren: vielleicht fünfzig oder sechzig Jahre. Die Villa selbst war doppelt so alt. Seltsamer Weise war aber die Blühkraft der Bauern-Hortensien nicht erlahmt und die altrosa bis hellrosa gesprenkelten Blüten hätten dem Raum eine fröhliche Feierlichkeit verliehen, wenn die neuen Bewohner nicht vor die Fensterfront ein grotesk großes Ecksofa aufgestellt hätten, das im rechten Winkel auch noch an der schmalen Seite des Raums weiterlief.

Das Schwarz seines Leders und das Anthrazitgrau des Hochflorteppichs, der fast den ganzen Boden bedeckte, absorbierten das tänzelnde Licht, das vom Garten einfiel, und gaben der Atmosphäre des Raums etwas Strenges und Schweres. Es war so, als hätte man ein großes Aquarium zur Hälfte mit einer dunklen Flüssigkeit gefüllt und von der Seite her angestrahlt. Als würde der lichte Teil in der Mitte des Raumes mit dem dunklen zusammentreffen, aber ohne einen Kampf auszufechten, ohne zu wissen, wer sich am Ende durchsetzen würde.

Das schwarze Ledersofa war das einzige Möbelstück, auf das sich das Paar lange vor dem Einzug in die Villa geeinigt hatte. Es war sozusagen unumgänglich, aus privaten und geschäftlichen Gründen. Denn alle Kollegen und Freunde des Paars, die Kreise überschnitten sich im Wesentlichen, hatten wie verabredet ihre Praxisräume und privaten Wohnzimmer mit schwarzen Möbeln ausgestattet; die Ledercouch und der Ledersessel, den man in Liegeposition stellen konnte, gehörten unbedingt dazu.

2.

Das Paar, nicht mehr jung, etwa Mitte Dreißig, wollte gleich richtig anfangen, um sich bald in dem Vorort der Zweimillionen-Stadt zu etablieren. Die große Party, die schon vier Wochen nach dem Einzug der beiden stattfand, war gleichzeitig ihre Hochzeitsfeier.

Auf den Einladungskarten aus schwerem Bütten, die an Freunde, Kollegen und an einen kleinen Teil der Familie gingen, war auf der Vorderseite eine markante Zeichnung der Villa zu sehen, unter dem Bild standen ein paar Zeilen zu ihrer Entstehungsgeschichte. Erst wenn man die Doppelkarte aufklappte, erschien die Anzeige ihrer Vermählung mit allen Daten. Es war ein wenig so, als würde das Paar hinter das Haus zurücktreten, um Schutz zu suchen vor den Unwägbarkeiten der Zukunft. Für ihren Beruf aber, beide wollten als Psychotherapeuten arbeiten, sollte die Villa als Aushängeschild dienen.

Die Frau, die Geschäftstüchtigere von beiden, stellte sich vor, in dem halbrunden Wintergarten, der einen fast exotischen Eindruck machte, ihre Patienten zu empfangen. Der Wintergarten lag zur Straßenseite hin, was aber kein Hindernis bedeutete, da der Vorgarten weitläufig und von einer mannshohen Hecke eingefasst war. Patienten, die nicht gesehen werden wollten, wurden nicht gesehen; andere, die wünschten, Eindruck zu machen – eine Psychoanalyse gehörte damals zu einem gehobenen Lebensstil –, konnten vor der Villa parken und ihre Autos sprachen für die Besitzer.

Der Mann, besser geschult und von einer latenten Dreistigkeit, legte darauf Wert, dass die Privatsphäre in der Villa nicht durch Klienten – er bevorzugte den neutraleren Ausdruck –, verletzt würde. Der Anrufbeantworter im Wohnzimmer war für ihn schon ein heikler Kompromiss. Wenn das Gerät am Abend beim Essen, er kochte aufwendig, ansprang und eine Stimme sich hilfesuchend an seine Frau wandte, hörte er äußerst gereizt zu und machte später über die Person abfällige Bemerkungen.

Er richtete sich also mitten in der City eine Praxis ein, die nicht billig war, aber verkehrsgünstig lag. Privaten Kontakt zu Klienten lehnte er kategorisch ab. Sein ‚menschlicher' Umgang – denn er trennte scharf und rechnete die Beziehung zwischen seinen Klienten und sich nicht unbedingt dazu, obwohl er doch wusste, dass auch sie Menschen waren – beschränkte sich auf ein Festessen, dass er ein Mal im Monat für seine Kollegen und Freunde gab. Dafür wurde das große Wohnzimmer in der Villa hergerichtet oder im Garten eine Tafel aufgestellt, an der zwanzig Menschen Platz hatten.

Er benötigte etwa eine Woche für die Einkäufe und einige Abende, um vorzukochen. Kam dann der große Tag, war er so eingespannt, dass seine Frau die Gäste allein begrüßen musste. Um die Anspannung zu mildern, trank er schon während des Kochens Wein. Saßen dann alle und die Vorspeisen standen auf dem Tisch, war er regelrecht erschöpft, hatte für sein Essen kaum noch ein Empfinden und dachte jedes zweite Mal, es sei nicht ganz gelungen. Gegen seine Appetitlosigkeit half dann wieder nur der Wein.

Seine Frau machte allein Konversation, aß nach den Vorspeisen kaum noch etwas, zündete sich immer häufiger eine Zigarette an und blickte nervös auf ihren Mann. Denn sie liebte ihn wirklich und war daran gewöhnt, ihm das Wort zu überlassen. Schon weil sie wusste, wie gerne er eigentlich im Mittelpunkt stand und an anderen Abenden, wenn sie die Gäste waren, mit seinen tollkühnen Theorien über die Entstehung verschiedenartiger Zwangsstörungen die Gastgeber fasziniert hatte.

Wenn sich der Abend neigte und Mitternacht überschritten war, wenn alle Gäste gesättigt vor ihren halbleeren Desserttellern saßen und noch einen letzten Absacker tranken, dann schienen die Lebensgeister ihres Mannes wieder gestärkt und er begann, kuriose Begebenheiten zu schildern, Witze zu machen und von waghalsigen Unternehmungen zu sprechen, die er früher einmal als junger Mann unternommen hatte.

Die Tischgesellschaft wurde bei seinen Worten noch einmal munter, einer begann von seinem kuriosesten Fall zu erzählen, der nächste überbot ihn, das Frauenlachen dominierte für Augenblicke, dann wieder das männliche Wortspiel. Dabei war ihr Mann der, der am wortgewandtesten war. Sein leichtes Lallen hörte nur sie, und es ging schnell vorüber; ein kleines Unbehagen blieb und sie nahm sich vor, noch mehr auf ihn achtzugeben. Am Ende brachte sie die Gäste an die Tür, während er in der Küche aufräumte.

3.

Die Geschäfte gingen gut; es gab genügend wohlhabende Menschen, die glaubten, ihr Heil in einer Therapie zu finden, die einer lebenslangen Beichte glich. Die Frau nahm nun auch in anderen Städten die Gelegenheit wahr, vor ausgesuchter

Gesellschaft zu sprechen. Die Honorare, die für ihre Vorträge gezahlt wurden, waren hoch und steigerten sich noch.

Zum Wochenanfang war sie dann oft schon erschöpft, verlor aber dadurch nicht ihr Ziel aus den Augen, so schnell wie möglich die Kredite für die Villa abzubezahlen. Zwar wurde besonders vor seiner Familie behauptet, die Villa sei schon in ihrem Besitz, das hatte ihr bei den Schwiegereltern eine außergewöhnliche Hochachtung eingebracht, entsprach aber nicht der Wahrheit. Und manchmal nagte diese kleine Lügerei an ihrem Selbstbewusstsein…

Überhaupt war nach dem Tod ihres Vaters, der eine gutgehende mittelständige Fabrik hinterließ, deren Wert sie auf 25 Millionen taxierte, einiges geschehen, das ihr Kopfzerbrechen machte. Daran, wie das Erbe aufgeteilt wurde, glaubte sie zu sehen, dass ihr Vater ihr nicht viel zugetraut, ja sie vielleicht nicht einmal geliebt hatte. Sogar ihr Vorname Carolina, den der Vater ausgesucht hatte, kam ihr nun um eine Nuance kälter vor, so dass sie ihn, auch bei offiziellen Anlässen, in ‚Lina' abwandelte. Lina Kämmerer, das war ein Name, mit dem sie leben konnte. So hatte sie bei ihrer Eheschließung auch keine Einwände gehabt, als ihr Mann ihren Namen annahm. In ihren Ohren hatte der Name ‚Gabriel Kämmerer' einen ganz besonderen Klang. Obwohl sie christlichen Glauben, wie jeden Glauben, verachtete, sah sie doch, sobald sie den Namen ihres Mannes aussprach ein zärtliches Wesen mit Flügeln vor sich.

Lina Kämmerers Beruf und der Ehrgeiz, mit dem sie ihn ausübte, standen in engstem Zusammenhang mit der Geringschätzung, die ihr von ihrem Elternhaus entgegengebracht worden war. Nun hatten sich auch noch Linas Brüder auf die

Seite der kalten Mutter geschlagen, so dass sie sich ihres Erbes beraubt sah und davon überzeugt war, alles in ihrem Leben aus eigener Kraft aufbauen und erhalten zu müssen.

Lina führte regelmäßige Sonntagsgespräche mit ihrem jüngeren Bruder, der ihr die Villa als Erbteil versprochen, aber aus steuerrechtlichen Gründen, die für die Weiterführung der Fabrik von Vorteil waren, noch nicht überschrieben hatte. Halb von seiner Waghalsigkeit hingerissen, halb zweifelnd, ob er damit ‚durchkommen' würde, vertraute sie ihm in euphorischen Momenten größere Summen an, die sie gespart hatte. Lina wünschte, er würde ihr Geld gewinnbringend anlegen, dabei aber kein ernsthaftes Risiko eingehen. Wenn er jedoch Hochrisikopapiere früh genug wieder abstieß und seine Schwester an dem Profit beteiligte, war sie zufrieden. Bei alldem hatte sie immer die Villa vor Augen, *ihre* Villa.

In den ersten Jahren war sie von der Herrschaftlichkeit der Villa und der Größe des Gartens regelrecht betört. Sie hörte mit Genugtuung den Widerhall ihrer Absätze auf dem Parkett und den Kacheln. Lina Kämmerer trat fest auf, sie war eine selbstbewusste Frau, die immer wusste, was sie wollte. Es war ihr außerdem ein Genuss, in die kreisrunde Badewanne, die vierhundert Liter fasste, Wasser einzulassen und dann in der feuchten Wärme einen Abend zu vertun. Nur der Garten stellte sie vor ein Problem, seine Pflege hätte eines Gärtners bedurft, der im Frühling und Herbst täglich dort hätte arbeiten müssen. Ihn zu bezahlen, dazu war sie zu geizig.

Manchmal hatte Lina das Gefühl, ihr Leben renne ihr davon. Ein Tag glich dem anderen, die Arbeit bestimmte ihre Stunden. Die Probleme und Ängste ihrer Patienten begannen sich zu wiederholen, und sie ertappte sich ein um das andere Mal dabei, dass ihre Gedanken sich weit von dem Gegenstand des Gesprächs entfernten. Am Wochenende musste sie entweder Fachliteratur studieren oder Vorträge halten. War doch einmal eines frei, dachte sie über ein Hobby nach, denn Gartenarbeit reizte sie nicht sehr und Reisen noch weniger.

Lina begnügte sich damit, auf der höher gelegenen Terrasse, die man von der Küche aus betrat, und die mit einer steinernen Balustrade abschloss, außergewöhnliche Pflanzen in Kübeln zu halten. Die blühenden Pflanzen wirkten vor der floralen Verzierung der Brüstung, die an vielen Stellen schadhaft war, wie ein Bild aus einer anderen Zeit.

Dann, nach einem längeren Besuch bei Kollegen, die antike Möbel sammelten und jedes Wochenende auf Antikmärkten verbrachten, versuchte auch sie sich an dem Hobby. Aber sie kam ‚nicht auf den Geschmack', und nach dem Kauf von drei alten Schränken war ihr Interesse erloschen.

Obwohl die meisten ihrer Freunde und Kollegen kinderlos blieben, hatte doch das ein oder andere Paar ein Kind, das mitgebracht und auf den Gartenpartys stolz vorgezeigt wurde. Lina beobachtete aufmerksam den Umgang der Mütter mit ihren Kindern. Fast immer übte sie heimlich Kritik an der Art, wie die Freundin oder Kollegin das Kind aufnahm, trug und ansprach. Bei jeder sah sie einen Mangel an Liebe und Verständnis, und glaubte, wenn sie erst selbst ein Kind hätte, die bessere Mutter zu sein.

Solche Gedanken setzten sich in ihr fest. Die Sehnsucht nach dem Kind wurde groß. Lina dachte sogar daran, dass Rauchen aufzugeben, es zumindest einzuschränken. Denn sie wollte nur eines: schwanger werden. Die Villa kam ihr plötzlich groß vor, zu groß für zwei Personen. Der Umstand, dass sich in die Wände des ungenutzten Dachgeschosses langsam der Stockschimmel fraß, schien ihr Recht zu geben. Aber eine Schwangerschaft stellte sich nicht ein, wie sehr sie und ihr Mann sich auch darum bemühten. Lina blieb nur, Gabriel mit noch größerer Aufmerksamkeit zu bedenken und ihn mit teuren Geschenken zu verwöhnen.

Sie vermied Gabriel gegenüber jeden Streit, ja sogar jede ernsthafte Auseinandersetzung, obwohl sie sich sonst gerne mit einem anderen anlegte. Seine Schwächen, die sich im Alltag mehr und mehr zeigten, versuchte Lina auszugleichen, oft schon, bevor sie auffielen. Ihn zu beobachten, war ihr zur zweiten Natur geworden: Seine Flügel sollten ohne Last sein. Wie eine Mutter, die ein schützendes Gehege um ihr Kind baut, errichtete sie eines um ihren Mann. Für sein Glück tat sie alles und ließ es sich auch etwas kosten; zum 40. Geburtstag bekam Gabriel von ihr seinen Traumwagen.

4.

Weiter unermüdlich arbeitend, das Haus und seine Angelegenheiten immer im Blick, entdeckte sie eines Tages im Balkonzimmer, das sie besonders liebte, eine Efeuranke, die sich von außen durch den roten Sandstein gezwängt hatte, der die Balkontür umrahmte. Als Lina der Sache nachging, bemerkte sie auch in der Fenstereinfassung Risse, durch die sich der Efeu gearbeitet hatte. Alarmiert ging sie nach draußen zur Nordseite der Villa, die ganz und gar mit Efeu überwuchert war. Lina versuchte einige Ranken mit der Hand zu lösen, riss aber nur Blätter ab, unter denen verborgen daumendicke Wurzeln wucherten, die wie Tausendfüßler mit ihren Haftwurzeln das Mauerwerk schon eingenommen hatten.

Gabriel erzählte sie von ihrer Entdeckung erst einmal nichts. Sie ließ einen Gärtner kommen, der ihr verschiedene Methoden zur Entfernung des Efeus vorschlug und ihr schließlich einen Kostenvoranschlag machte, der Lina zu hoch war. Daraufhin bestellte sie eine Firma, die eine robuste Hebebühne vor der bewachsenen Hauswand aufbaute und ihr versicherte, dass sie das Gerät ohne Gefahr selbst handhaben könne.

Nachdem das bewegliche Gerüst aufgestellt worden war, unterbreitete sie Gabriel den Plan, dort jeden Samstag ein paar Stunden zu arbeiten, bis der Efeu entfernt wäre. Die körperliche Betätigung war erst einmal eine willkommene Abwechslung zu dem Zustand, starr in einem Sessel zu sitzen und den immer anspruchsvolleren Patienten zuzuhören. Nach ein paar Wochen jedoch wurde ihnen die Arbeit lästig.

Auf dem Boden lagen jetzt Berge von Grünzeug, aber es war ihnen nicht gelungen, nur einige der Hauptwurzeln zu entfernen. Lina wurde auch in letzter Zeit schwindelig, sobald sich die Hebebühne einen Meter über den Erdboden erhob. Gabriel redete immer mehr bei der Arbeit, wollte am liebsten das ganze Rankwerk abbrennen oder mit Glyphosat vernichten.

Als sie feststellte, dass sie schwanger war, ließ Lina die Hebebühne kurzerhand abtransportieren und konzentrierte sich ganz auf ihr Kind. Sie sagte berufliche Termine ab, setzte sich in den Mittagsstunden allein in den langsam verwildernden

Garten und genoss die Zwiesprache mit dem Ungeborenen. Lina erkannte sich fast selbst nicht wieder: Es war in ihr etwas, das sich wie ein Schwamm mit Glück vollsog. Sie trank auch am Abend keinen Wein mehr, vermisste ihn nicht. Wenn sie aber versuchte, mit dem Rauchen aufzuhören, wurde sie nervös und ängstlich.

War eine Zigarettenschachtel aufgebraucht, brachte Lina sie sofort nach draußen und warf sie in den großen Abfalleimer. Sie wollte nicht, dass Gabriel anhand der leeren Schachteln ihren Zigarettenkonsum ermessen könnte, vielleicht wollte sie ihn auch selbst nicht zu genau zur Kenntnis nehmen. Sie war wie jeder Raucher davon überzeugt, das kleine Laster sofort ablegen zu können, sobald es wirklich notwendig war.

Als sie ihr Kind am Ende des dritten Monats verlor, war eine Leere und Verzweiflung in ihr, die sie im Leben nicht für möglich gehalten hatte. Dass Lina an kein Grab treten konnte, um ihr Kind zu betrauern, machte alles noch schlimmer.

Manchmal kam sie sich vor der Welt wie eine Hochstaplerin vor, die ein Kind angekündigt hatte, das gar nicht existierte. In Linas Augen aber war der sechs Zentimeter große Fötus ein Kind, ein vollkommenes Wesen. Diese Diskrepanz schmerzte sie, wann immer sie über den Verlust nachdachte.

5.

Zeit verging, die sprachlos war. Keiner von ihnen wusste, was er sagen sollte. Ob Gabriel auch unter dem Verlust ihres Kindes litt, nicht einmal das wusste Lina.

Gabriel schaffte Pferde an. Drei in einem Jahr. Alle drei trugen die Namen von Königen: edle Namen. Gabriel versorgte die Tiere morgens und abends. Am späten Abend saßen sie zu zweit an dem Tisch, an dem Zehn Platz gefunden hätten, und aßen. Sie sprachen über die Pferde. Gabriel bemerkte es wohl nie, dass sie der Anschaffung nur zugestimmt hatte, weil sie ihn liebte. Und weil sie sah, wie traurig er eigentlich war, in allen unbeobachteten Momenten.

Lina selbst hatte große Angst vor den Tieren. Angst auch davor, sie nicht bezwingen zu können. Denn sie wollte nicht noch einmal erdulden müssen, dass ihr Leben außer Kontrolle geriet. Sie zwang sich also, ihre Angst zu unterdrücken und jeden Tag auf den Reitplatz zu gehen.

Während Lina mit eiserner Disziplin reiten lernte, zog sich Gabriel, sobald er den Sandweg betrat, der um die Ställe herumlief, in eine eigene Welt zurück: Er wurde unansprechbar. Ihn machte es glücklich, sich in eine Tierwelt hineinzudenken, die seiner Phantasie entsprang. Ihren Ehrgeiz befriedigte es, wenn sie ein Turnier gut bestand. Gabriel war außerordentlich zärtlich zu seinen Pferden, und als sich herausstellte, dass zwei von ihnen kränkelten, kümmerte er sich um sie wie ein Vater um seine kranken Kinder. Lina wurde eine immer bessere Reiterin, er verbrachte ganze Nächte bei seinen Pferden im Stall, wenn sie Koliken hatten, wozu sie neigten. Sie bestellte luxuriöse Sättel und Reitkleidung, er große Mengen an Spezialfutter und rief schon bei kleinen Anlässen den Tierarzt.

Der Unterhalt der drei Pferde kostete ein Vermögen, so hätten es Kollegen und Freunde ausgedrückt. Lina sah das schwer verdiente Geld schwinden, sie sagte nichts dazu, bezahlte jede

Rechnung, denn darin war Gabriel nachlässig. Wenn er sich erst am frühen Morgen zu ihr ins Bett legte, weil er die ganze Nacht bei den leidenden Tieren verbracht hatte, war sie nur glücklich, nicht völlig allein auf der Welt zu sein.

Die Abende wurden selten, an denen sie einfach zusammen auf dem schwarzen Sofa saßen und einen Film anschauten. Das Geschehen auf dem Bildschirm war Lina dabei fast gleichgültig. Sie liebte es, in das weiche Leder einzusinken, das sich nach einer Weile warm wie eine zweite Haut um ihren Rücken legte. Dann umfasste sie die schmale Taille ihres Mannes und zog ihn zu sich; an den Geruch nach Pferdestall in seinen Haaren und seiner Kleidung hatte sie sich längst gewöhnt. Und obwohl sie den Geruch eigentlich nicht mochte, bedeutete er für sie Geborgenheit und Liebe.

Sie rauchte die letzte Zigarette, er trank das letzte Glas, dann stiegen sie die Treppe hinauf, Lina voran, leicht mit der Hand über das geschwungene Geländer streifend, Gabriel ein wenig schwankend hinter ihr. In enger Umarmung schliefen sie ein.

6.

Sie vernachlässigten die Villa. Durch die Wand der Nordseite drang der Efeu, durch das Dach der Regen, in das Obergeschoss der Schimmel und im Treppenhaus fiel der Verputz von den Wänden. Im verwilderten Garten grasten die Pferde. Aus der Balustrade an der Terrasse brachen größere Stücke heraus, die am Morgen anklagend auf den Kiesweg lagen.

Kleinere Arbeiten versuchte Lina am Wochenende selbst zu erledigen, sie besserte die Wände im Vorflur aus, strich die Küche, füllte Mörtel in die Risse der Balustrade. Aber sobald diese Arbeiten erledigt waren, drängte sich die Reparaturbedürftigkeit der Villa umso mehr in ihr Bewusstsein. Und was Lina am wenigsten leiden konnte, war, dass man ihren Instandsetzungen ansah, wie wenig fachkundig sie ausgeführt waren. Eigentlich waren sie keine Verbesserungen.

Sie öffnete jetzt mache Zimmertüren nur noch mit Widerwillen, die des Balkonzimmers gehörte dazu. Wenn Lina in dem halbrunden Raum stand, der früher die Heiterkeit eines Lustschlosses ausgestrahlt hatte, war sie tief bekümmert. Denn in ihm zeigte sich der Verfall am deutlichsten.

Insgeheim hatte sie in ihrem Kopf eine Liste vom Grundstück und Haus angelegt, auf der sie vermerkte, was zu retten war und was nicht. Jede Nacht vor dem Einschlafen ging sie die Liste durch und kam bis zu einem gewissen Punkt: wie eine Hochleistungssportlerin, vor der Hürden aufgebaut sind bis zum Horizont.

Warum war sie es, die sich um alles kümmerte? War die Villa nicht ihr gemeinsamer Traum gewesen? Hatte Gabriel nicht jeden Zweifel zerstreut, als es damals um die Finanzierung ging; ihr gesagt: diese oder keine? Wenn Lina besonders niedergeschlagen war, kam ihr der Gedanke, wie sehr ihr Mann ihrem Bruder glich: Beide sahen das Erbe, das sie nie ausgezahlt bekommen hatte, als Linas Vermögen an, das man nach Belieben ausschöpfen könne.

Am Wochenende, während sie am Frühstückstisch saßen, versuchte Lina nach Liebesbezeugungen, die ihn beruhigen sollten, ihm einen Teil ihre Sorgen mitzuteilen. Sie ließ sich sogar dazu hinreißen, ihre Sorgen auszubreiten wie einen mittelalterlichen Poncho. Dabei versteckte sie doch, ohne es zu bemerken, ihren wirklichen Kummer in den Falten des Mantels.

Gabriel hörte ihren Ausführungen zur Rettung der Villa zwar geduldig zu, schien aber im Wesentlichen unberührt. Sobald Lina eine länger Pause beim Sprechen machte, um in Gedanken die Kosten zu überschlagen, die diese und jene Sanierung verursachen würden, sprach Gabriel mit Nachdruck von seinen Tieren. Was bedeutete ihm ein toter Stein, eine verkalkte Wasserleitung, ein schadhaftes Dach, wenn es um das Leiden seiner Pferde ging! Es war wie beim Turmbau zu Babel, er wollte höher hinaus, sie das Fundament retten. Ihre Sprachen entzweiten sich.

Nach dem Frühstück – Gabriel zog die verschwitzte Lederjacke an, die seine Pferde so liebten –, ärgerte Lina sich über ihn, über seine Eigenbrödlerei. Wenn sie ihn dann aber durchs Fenster sah, wie er selig und selbstvergessen über den Kiesweg schlenderte, die aus der Balustrade herausgebrochenen Steine mit dem Fuß wegkickte, dann schämte sie sich ihrer Kleinlichkeit und nahm sich vor, ihn nicht weiter mit leidigen Gesprächen zu belasten. Denn sein Glück war für sie etwas Kostbares, etwas Unantastbares.

Sie selbst liebte ja das Großzügige. Auch das Auftrumpfende gefiel ihr in gewissen Maßen. Bescheidenheit sah Lina als Schwäche an – wie Gabriel. Darin waren sie sich von Anfang an einig gewesen. Deshalb schwärmten ihre Gäste auch noch nach Jahren von ihren Gartenpartys; die machten was her; das Buffet sah nach etwas aus; die Villa imponierte und sie als Gastgeberin machte Eindruck.

Kleinlichkeit mochte kein Mensch, das Nachrechnen und Nachhalten hatte doch immer etwas Peinliches an sich. Wenn ihnen im Restaurant die Rechnung gebracht wurde, hatte Lina großzügig bezahlt, ohne sie vorher in Augenschein zu nehmen. Das tat sie dann bei der Steuererklärung umso genauer, wenn sie allein über den Quittungen saß.

Während Gabriel im Stall war, arbeitete Lina Gutachten für die Patienten aus, die um Verlängerung ihrer Therapie gebeten hatten; während er ritt, saß sie über den Abrechnungen für die Krankenkasse; während er träumend auf dem Rücken seines vor sich hin zuckelnden Pferdes schaukelte, verzweifelte sie an der Steuererklärung.

Nachdem sie entdeckt hatte, dass Gabriels Handschrift sich immer sonderbarer ausnahm, die Buchstaben ungelenk über das Papier stolperten wie verletzte Insekten und er kaum noch drei zusammenhängende Sätze schreiben konnte, hatte sie alle schriftlichen Arbeiten übernommen.

Zu Anfang hatte sie geglaubt, Gabriel sei einfach nur nachlässiger geworden, dann war ihr aufgefallen, dass ihm sogar Zahlen durcheinander gerieten. Er schien zwischen Summen von Zehntausend, Hunderttausend und einer Million nicht mehr unterscheiden zu können. In mühseliger Kleinarbeit musste sie jeden seiner Abrechnungsbögen überprüfen.

Erst nahm sie sich seine Papiere in großer Heimlichkeit vor, sie wollte ihn nicht kränken; dann, weil das zu viel Kraft kostete, ohne Verheimlichung. Beide Vorgehensweisen schienen Gabriel gleichermaßen willkommen zu sein. Wenn er selbst nur nicht gezwungen war, sich mit dem zu beschäftigen, was ihn nicht interessierte.

Früher hatte sie ihm gelegentlich bei der Formulierung einzelner Sätze ausgeholfen, wenn es um Gutachten für seine Patienten ging. Jetzt schrieb Lina sie vom ersten bis zum letzten Satz und übernahm dabei oft die Diagnose, die er sich während des Abendessens, nach einigen Gläsern Wein, abgerungen hatte. Denn sie sah schwarz auf weiß, dass er unfähig war, Diagnosen zu stellen und Krankheitsverläufe zu dokumentieren. Ihm fehlte der Ansatz und die Ordnung, eine solche Arbeit durchzuführen. Manchmal machte es ihr Angst, seine Arbeit in seinem Namen zu tun, weil sie nicht wusste, wo das enden würde. Dann wieder, er kam vom Reitplatz, roch nach Pferdeschweiß und Zuversicht, lachte sie mit ihm über die Zwangshandlungen eines Patienten, als gehöre ihnen beiden immer noch die ganze Welt.

Das Glück ihrer Ehe dünnte sich aus, es wurde fadenscheinig und ihr Leben ruhelos. Lina musste an so viel gleichzeitig denken. Gabriel daran erinnern, frische Kleidung anzuziehen, ihn ermahnen, im Büro keinen Alkohol zu trinken, ihn dazu anhalten, die Gäste nicht ins Obergeschoss zu führen und ihn bitten, bei Einladungen auf seine Worte zu achten. Daneben musste sie die Putzfrau instruieren, den Gärtner kontrollieren, ihre und seine Finanzen im Blick haben und sich bemühen, endlich ihr Erbe ausbezahlt zu bekommen.

Nicht nur der Verfall der Villa beunruhigte sie, sondern etwas Anderes, Schwerwiegenderes, das sie nicht genau fassen konnte. Lina verdiente immer noch gut, daran hatte sich nichts geändert. Aber ihre Kräfte schwanden, und sie war noch nicht alt. Das Treppensteigen fiel ihr schwer; wenn sie bergauf ging, musste sie Pausen machen. Wieder nahm sie sich vor, weniger zu rauchen.

Auch ihre Appetitlosigkeit irritierte sie. Früher hatte sie hungern müssen, um die Figur eines Mannequins zu haben. Jetzt hatte sie oft einen Ekel vor dem Essen, obwohl Gabriel beim Kochen ihre Wünsche erfüllte. Mit Heißhunger stürzte sie sich besonders auf fetthaltige Speisen, sie aß drei Bissen davon, dann wandte sie sich ab. Einmal hatte Lina sogar in einem unbedachten Moment ihre Zigarette in einer Rinderlende ausgedrückt, die fast noch unberührt auf ihrem Teller lag. Gabriel war vor Kummer stumm geworden.

Linas Schlaf wurde nervöser und manchmal überforderte sie ein Gespräch mit Patienten. Das Reiten am Wochenende war keine Erholung, es strengte sie an wie eine Krankheit.

Hohe Rechnungen vom Tierarzt häuften sich. Dazu kamen die, die ihr Bruder früher beglichen hatte und nun wortlos nicht mehr übernahm. Konten verschwanden im Nichts, auf denen er ihr Geld eingezahlt hatte. Als die Stadtwerke drohten, den Strom und das Wasser für die Villa zu sperren, geriet sie in Panik.

Zu ihrem allgemeinen Unbehagen kamen die Sonntagsgespräche mit ihrem Bruder. Sie waren notwendig und gleichzeitig fürchtete sie sich vor ihnen, fürchtete sich vor Georg. Weder während des Gespräches fühlte sie eine Erleichterung, noch wenn er es beendete. Stunden danach war sie deprimiert, nichts war geklärt. Ihr Bruder spielte sich auf, und hinter dem Getue verbarg sich ein Abgrund. Oder bildete Lina sich das nur ein?

Lina war eine willensstarke Person und realistisch genug, um von einem anderen nur das zu fordern, was ihr zustand. Durch ihre langjährige Ausbildung zur Psychotherapeutin schien es ihr, als könne sie in alle Menschen hineinsehen. Dieser Glaube hatte sich in den jahrelangen Sitzungen mit ihren Patienten zur Gewissheit verfestigt. Denn immer wieder gelang es ihr, die Kranken dazu zu bringen, dass sie unwillkürlich aussprachen, was sie nur gedacht zu haben meinten. Warum scheiterte ihre Kunst bei den Menschen, die sie am meisten liebte? Lag in der Liebe selbst etwas Verzehrendes, das Unheil mit sich brachte?

Lina wusste weder, was ihr Bruder tat, noch was er dachte. Dabei versuchte sie ihn zu locken, mit schwesterlicher Liebe zur Offenheit zu bewegen. An sein Unbewusstes zu appellieren, das innere Bild in ihm hervor zu rufen, das sie beide eng verbunden in der einen Hülle des Mutterleibs zeigte. Daran, dass Georg gerade dieses Bild nicht ertragen konnte, dachte sie nicht.

Lina träumte vom Efeu, wie er sich um alles schlang, was sie liebte. Wie er allen die Luft nahm, ihrem Mann, ihrem Bruder, den Pferden, dem Haus. Sie sah ihn vor sich: die grüne Schlingpflanze. Sie erwachte in großer Atemnot.

7.

Dann kam ein Tag im Spätsommer, der ganz still anfing und sich leicht ausbreitete, als würde er schweben. Lina war früh aufgewacht, hatte sofort gespürt, dass der Tag eine besondere Atmosphäre in sich trug. Der Wind hatte auf Westen gedreht, war weich und warm, kein Flugzeug war zu hören. Der Straßenlärm ebbte wie von fern an ihr Ohr. Sie sah ihren Mann neben sich, und als er aufwachte, lächelte er sie an, als sei seit ihrer ersten Umarmung kein Jahr vergangen. Gabriel lächelte tatsächlich so, wie er als junger Mann gelächelt hatte.

Den ganzen Tag war sie gehalten in dieser schönen, hoffnungsvollen Spannung. Sie sah über alle Mängel hinweg und freute sich nur an dem Sonneneinfall, der viele kleine Mücken zum Tanzen gebracht hatte und etwas längeren Schatten auf die Gartenbeete warf. Als sie ihr Arbeitszimmer betrat, glaubte sie wieder, dass das Leben gut war, sich alles zum Guten wenden werde.

Die Gespräche mit den Patienten waren angenehm. Die Menschen selbst kamen ihr freundlicher vor, weniger fordernd. Man kam in seinen Überlegungen aufeinander zu, vielleicht verstand man sich sogar in einem tieferen Sinn. Langjähriges Vertrauen, so dachte Lina, zahle sich eben aus. Auch während der Eheberatung bei dem nächsten Paar war ihr Eindruck positiv; die jungen Leute ließen sich von Lina durch den Irrgarten ihrer Gefühle geleiten, wie Blinde von einem Polizisten über eine gefährliche Kreuzung.

Sie horchte erst auf, als das Paar am Ende sein Bedauern ausdrückte über etwas, das sie nicht richtig verstand. Nachfragen wollte sie nicht, denn den jungen Leuten schien die Angelegenheit unangenehm zu sein. Und doch war sie beunruhigt, konnte gar nicht fassen, dass die Schönheit ihres Tages gestört werden sollte… Und wie aus Trotz, um den Tag zu verteidigen, um ihr Glücksgefühl sicher zu stellen, fragte sie nach.

Jetzt wurde die Frau verlegen, ihr Mann stammelte etwas von einem Gerücht, die beiden sprachen durcheinander, widersprachen sich und machten sich beim Verlassen des Zimmers gegenseitig Vorwürfe. Wie den Nachhall eines Steinschlags hörte sie noch die Worte, die das Paar im Flur sprach.

Benommen setzte sie sich am Abend an den gedeckten Tisch. Sie sah über die Speisen hinweg, sah dem Rauch ihrer

Zigarette nach. Und als die Telefonanlage ansprang, ging sie wie in Trance zum Apparat und nahm den Hörer auf. Sie hörte den Nachhall der Stille vom Tag, ein Räuspern, wieder Stille. In dem Moment hätte sie auflegen können, denn sie wusste alles.

Aus einer tiefen seelischen Erschöpfung heraus brachte sie die Kraft nicht auf, den Anruf zu beenden. Sie hörte die Stimme ihres älteren Bruders, während sie einer Fliege zusah, die gegen die unsichtbare Scheibe des Fenster kämpfte: Ihr Taumeln, ihre winzigen Beine, die durcheinander gerieten, sobald sie auf dem Rücken lag, interessierten sie mehr als die Botschaft aus dem Lautsprecher. Dass ihre beiden Brüder hatten Konkurs anmelden müssen und die Firma ihres Vaters nicht mehr zu retten war, kam Lina wie ein Witz vor, wie ein hässlicher Witz.

Als vier Wochen später ihre Schwägerin anrief und tonlos mitteilte, Georg sei tödlich verunglückt, weinte Lina, wie sie noch nie geweint hatte. Sie aß nicht mehr, sie schlief nicht mehr, sie saß rauchend auf dem schwarzen Ledersofa. Je länger sie ihren Körper in das Rückenpolster presste, umso heißer kam ihr das Leder vor; es fühlte sich an wie die Haut eines fiebernden Pferdes. Sie starrte vor sich hin, ihr Blick verfing sich in den einzelnen Fransen des Teppichs, die sich bald grün verfärbten, zu wachsen anfingen und sich um ihren Hals legten. Sie hustete, rang nach Luft, die Lunge tat ihr weh.

Am Abend legte sie sich ins Bett und stand nicht mehr auf. Am Morgen bat sie Gabriel, ihren Patienten zu sagen, sie sei krank. Als er ihr später auf einem Tablett ihr Lieblingsessen brachte, rauchte Lina und schüttelte traurig den Kopf. Sie hatte überhaupt vor, niemals mehr zu essen. Dieser Zustand dauerte sieben Tage an. Dann stand Lina auf, zog ihre hochhackigen

Stiefeletten an und ließ die Absätze beim Gehen auf den Steinboden knallen. Sie wusste genau, was auf sie zukommen würde und was sie zu tun hatte.

Das Familienvermögen war verspielt, die Villa das letzte Pfand der Banken, das hieß: Zwangsversteigerung. Es galt, sich mit den Banken auseinanderzusetzten, die Zwangsversteigerung hinauszuzögern. Denn Geld hatte Lina nicht, die Villa ein zweites Mal zu finanzieren.

Es begann ein trauriges Jahr. Gabriel ging wie eine Maschine seiner Arbeit nach, kochte Gerichte, die sie nicht aß, am Morgen und am Abend war er bei den Pferden zu finden. Während Lina fieberhaft nach einer Lösung suchte und keine fand. Schließlich war die Zeit vertan, das Jahr vergangen und sie mussten die Villa räumen. Die Möbel wurden in einem Depot eingelagert, sie selbst zogen in eine möblierte Wohnung. Die schwarze Ledercouch, auf der Lina bis zuletzt gesessen hatte, bis die Möbelpacker kamen, holte später die Müllabfuhr; das Möbelstück war zu groß und zu sperrig für das Depot.

8.

Als sei ihr das zweite Kind gestorben, so litt Lina unter dem Verlust der Villa. Antriebslos, von einer schweren Melancholie niedergedrückt, ging sie ihrer Arbeit nach. Ihre Gelassenheit gegenüber den Patienten ließ nach. Immer häufiger hatte Lina den Eindruck, Patienten quälten sie mit Nichtigkeiten, die in keinem Verhältnis zu ihrem eigenen Kummer standen, und ein Groll stieg auf in ihrem Herzen.

Manchmal geschah es auch, dass ein Patient einen langen mitleidigen Blick auf sie warf. Eine Patientin wagte sogar, Lina zu fragen, ob ihr etwas auf der Seele laste. Solche Fragen reizten Lina besonders. Leiteten sie doch die völlige Umwälzung in ihrer Praxis ein, die sie bis vor kurzem wie ihr ‚Königreich' geführt hatte. Es war wie der Beginn einer Revolution, die auf einen Herrschaftswechsel und Umsturz hinarbeitete, um die Hierarchie zwischen Therapeut und Patient zu verkehren. Trotz ihres zunehmenden Unmuts behielt Lina einen vollen Terminkalender, und es gelang ihr zu sparen.

In dieser Zeit wurde es für sie selbstverständlich, jede Rechnung zwei Mal zu prüfen, Kleidung vom Discounter zu kaufen und Produkte ohne Markennamen. Lina sprach über Geld, stritt um Geld, suchte ihren Vorteil und wurde kleinlich. Nach vier Jahren war sie in der Lage, ein altes Haus zu kaufen.

Die Renovierungsarbeiten zogen sich hin und quälten sie. Lina suchte billige Arbeitskräfte und hob gleichzeitig die Gebühren für ihre Beratung an. Wenn die Arbeiter bummelten, tauschte sie die Männer mitleidlos aus. Die rächten sich und bestahlen sie am letzten Tag ihrer Tätigkeit. Andere kamen zwei Monate und verschwanden wieder mit den Maschinen, die Lina gemietet hatte.

Während der Umbauarbeiten wohnten Lina und Gabriel im Keller; so sparten sie die Miete für die Wohnung. Zwei Weihnachten feierten sie in dem Gemäuer, das an der Nordseite von Salpeter zerfressen war und kein Tageslicht einließ.

Nicht nur alte Freunde hielt das Paar jetzt auf Abstand, auch die Familie. Lina hatte sich nach den Tragödien in ihrer Familie hoffnungslos mit ihrer Mutter zerstritten: Die eine

Frau glaubte wie die andere übervorteilt worden zu sein. Mutter und Tochter hassten einander. Gabriel, der in seiner Jugend ohne eine Gruppe von eingeschworenen Freunden nicht leben konnte, waren andere Menschen im Laufe der Zeit gleichgültig geworden. Der Frau blieb der Mann, dem Mann blieben die Frau und die Tiere.

Der Tag kam, die Arbeiten am Haus waren getan, die Räume in Stand gesetzt, die Möbel aus dem Depot geholt und auf das Obergeschoss, in dem sie wohnten, und das Erdgeschoss, in den sie arbeiten wollten, verteilt worden. Manches Stück stand nun gedrängt in einer Ecke neben einem anderen, das in der Villa ein Solitär gewesen war. Früher wäre ihnen die Enge, die jetzt in den Zimmern herrschte, unangenehm gewesen, aber nach zwei Jahren Kellerdasein fühlten sie sich in den neuen Räumen wie befreit.

Nur das kleine Wohnzimmer blieb eine Zeit lang unmöbliert und erinnerte an eine der Kammern in der Villa, für die sie keine Verwendung gefunden hatten und in der schließlich nichts als ein Biedermeierstuhl stand. Wie man das neue Wohnzimmer einrichten wollte, darüber hatte man noch nicht gesprochen. Für Gabriel war es selbstverständlich, dass dort wieder eine schwarze Ledercouch stehen sollte, die bald den Geruch von warmen Pferdekörpern ausdünsten würde. Lina jedoch hatte nun einen Widerwillen gegen schwarze Möbel, gegen die Farbe Schwarz an sich. Sie bestellte also ein weißes Sofa und nahm sich vor, heimlich, Stück für Stück, die schwarzen Beistelltischchen und Sessel verschwinden zu lassen.

Lina war nicht abergläubisch, aber die Farbe setzte ihr zu. Am liebsten hätte sie alle Möbel ausgetauscht, um die Erinnerung an die Villa auszulöschen. Lina war jetzt dauerhaft angespannt, lag sozusagen auf der Lauer, um eine Gefahr sofort zu erkennen und abwenden zu können. Denn sie wusste, dass es nur noch eines Schmerzes bedurfte, um an ihm zu ersticken.

Gabriel brachte in das neue Haus, das an einer vierspurigen Ausfahrtstraße lag, streunende und verletzte Kleintiere mit, die er irgendwo aufgesammelt hatte. Seine Fürsorge rührte Lina, obwohl sie selbst die Tiere abstoßend fand. Einmal ließ er einen verwahrlosten Kater mit zerbissenem Fell in die Wohnung. An den Bissstellen hatte sich eitriger Grind gebildet, der stank. Dieser Kater ließ sich ohne Gegenwehr von Gabriel gesundpflegen. Kaum war er wieder hergestellt, ging er seinen Stadtabenteuern nach und kam jede dritte Nacht wieder, schlich in ihr gemeinsames Schlafzimmer und legte sich auf Linas Brust. Gabriel, der etwas darum gegeben hätte, von dem Tier umschmeichelt zu werden, würdigte er keines Blickes mehr.

Sie wollte das Tier abwehren, brachte es aber nicht übers Herz. Wenn sie den Druck auf ihrer Brust spürte, wenn der Geruch des regenfeuchten Fells in ihre Nase stieg, schimpfte sie leise mit der Kreatur und schob sie dann doch zärtlich zu ihren Füßen hin.

9.

Nachts träumte Lina von ihrem toten Bruder. Er lag neben ihr in einer Art Hängematte, die leicht schaukelte. Sie hatte beide Arme um ihn gelegt, er seinen Kopf an ihre Brust. Er war deutlich kleiner und magerer als sie, obwohl sie doch auf den

Tag gleich alt waren. Sie hatte das Gefühl, ihm Platz machen zu müssen, damit er sich ausbreiten, damit er wachsen könnte. Aber jedes Mal, wenn sie versuchte, an den Rand der Hängematte zu rutschen, hatte sie Angst, in die Tiefe zu stürzen. Und so klammerte sie sich noch fester an ihn.

Wenn sie morgens aufwachte, war sie wie zerschlagen; der dumpfe Schmerz in ihrem Brustkorb verließ sie nicht mehr. Sie erinnerte sich an ihren Traum und glaubte für Momente, ihr Zwillingsbruder habe sich nach seinem Tod in ihrer Brust eingenistet.

Wenn sie nachts schlaflos lag und nicht an ihren Bruder dachte, machte sie sich Sorgen um Gabriel. Er schien so weit weg, obwohl sie nur die Hand nach ihm ausstrecken musste. Sie konzentrierte sich jetzt ganz auf ihn: Sie fühlte seinen Puls gleichmäßig schlagen, seinen Brustkorb sich auf und ab bewegen und seinen Atem an ihrer Wange. Er dünstete nachts den Alkohol aus, den er bereits vormittags zu trinken begann.

Wenn Lina beizeiten ihre Freunde eingeweiht hätte, wie es wirklich um sie stand, wie es um ihr Leben stand, dann hätte sie sich bei dem einen oder der anderen Rat holen können. Aber sie war immer nur darum bemüht gewesen, anderen Menschen eine Fassade zu zeigen. Jetzt schämte sie sich, rückwirkend ihre kleineren und größeren Lügen selbst zu entlarven. Lina hatte auch nicht die Kraft dazu, die Beziehungen auf eine neue Grundlage zu stellen, die Ehrlichkeit verlangt hätte. Noch weniger war es ihr möglich, einen Rat anzunehmen.

Was sollte sie also tun? Obwohl Lina Schmerzen hatte, ging sie nicht zum Arzt. Obwohl ihre Angst sich ausbreitete, suchte sie keine Hilfe. Obwohl ihr die Kräfte schwanden, ruhte sie nicht aus. Stattdessen schluckte sie im Übermaß Vitaminkapseln. So lange zu leben, bis sie die letzte Rate des Kredits für das Haus tilgen konnte, war Linas Ziel. Sie wünschte, dass Gabriel nach ihrem Tod in Sicherheit leben könnte.

Wieder kümmerte sie sich um alles. Dieses Mal aber ging sie systematischer vor. Lina legte Lebensmittelvorräte mit langem Haltbarkeitsdatum an, verpackte Bettlaken in Vakuumpackungen, häufte Tischdecken auf, kaufte elektrische Küchengeräte, auf dass ihr Mann die erste Zeit ohne ihre Fürsorge würde überstehen können.

Lina füllte einen ganzen Schrank mit Putzmitteln, um seiner Verwahrlosung entgegen zu wirken. Sie kaufte 40 Tuben Zahncreme, 40 Packungen Seife, viele Flaschen Haarwaschmittel. Lina hoffte verzweifelt darauf, dass er die Dinge später benutzen werde als Liebesbeweis, weil sie durch ihre Hände gegangen waren.

Wie sie Gegenstände ansammelte, so scharte Lina jetzt Freunde um sich. Sie drängte Gabriel dazu, die Gewohnheit wieder aufzunehmen, ein Mal im Monat Freunde und Kollegen zu bewirten. Der Kreis, der dann zusammenkam, war wesentlich kleiner als früher, aber ausgesucht. Denn in ihrer Situation kam es nur darauf an, Freundschaften zu schmieden, die so zuverlässig waren, dass sie über ihren Tod hinaus Bestand hatten.

Auch hier überließ sie nichts dem Zufall. Wenn der Abend gekommen war, aß Lina kaum, beobachtete aber umso intensiver jeden einzelnen Gast. War ihr ein Besucher unangenehm, so fing Lina unvermittelt Streit mit ihm an und ersetzte ihn bei der nächsten Einladung durch einen anderen, dem sie grundlos schmeichelte.

10.

Als Lina die letzte Rate der Hypothek getilgt hatte, nahm sie sich ein ganzes Wochenende Zeit, um die zwei Etagen ihrer Wohnung abzuschreiten. Sie öffnete alle Schranktüren, wie ein Pharao nahm sie die Schätze in Augenschein, die sie angehäuft hatte. Sie war zufrieden. Dann setzte sie sich an ihren Schreibtisch und studierte die aktuellen Kontoauszüge. Auch mit den Zahlen, die sie sah, war sie zufrieden.

Am Abend, bevor ihr Mann vom Reiten kam, rief Lina einige ihrer Patienten an und bat sie, sich in Zukunft von einer Kollegin beraten zu lassen. Die Patienten gingen freundlich auf Linas Wunsch ein; sie hatten diesen Schritt selbst schon erwogen. Es war ihnen nicht verborgen geblieben, wie schmal und grau ihre Therapeutin in letzter Zeit geworden war.

Lina stand nun erst am Mittag auf. Gabriel war schon lange in seinem Büro und konnte nicht sehen, dass sie nicht einmal mehr frühstückte. Das Rauchen war ihr jetzt wie ein zweites Atmen geworden und schien sie auch zu sättigen. Außerdem beruhigte Lina das tiefe Inhalieren und nahm für einen Moment die entsetzlichen Schmerzen in der Brust.

Immer häufiger fehlte Lina die Kraft, die steile Innentreppe hinaufzugehen, die in ihr Schlafzimmer führte. So richtete sie sich mit vielen Kissen und Decken auf dem weißen Sofa ein. Sie lag überhaupt lieber auf ihm als auf dem Bett. Die helle Couch gaukelte ihr vor, dass sie jeden Moment aufstehen und ihr normales Leben wieder aufnehmen könnte.

Auf dem makellosen Leder zu ruhen, das ihren heißen Körper zu kühlen schien, war eine Wohltat. Nun schätzte Lina die Geruchlosigkeit und die Glätte des Überzugs, mit denen sie keine schmerzliche Erinnerung verband. Sie wusste, dass Gabriel dieses weiße Sofa nicht mochte, weil er es kalt und abweisend fand. Ihr aber gefiel seine Neutralität.

Im Liegen dachte sie viel über die Vergangenheit nach, wie es Menschen tun, die einen Toten betrauern. Lina trauerte um sich. Jeden Tag nahm sie sich vor, am nächsten zum Arzt zu gehen. Am nächsten hielt sie es nicht mehr für nötig. Sie wusste, was er sagen würde. Und als Lina dann eines Tages doch eine Praxis aufsuchte, weil die Schmerzen nicht mehr zu ertragen waren, kannte sie bereits ihre Diagnose.

Während sie im Sprechzimmer einige Minuten auf den Arzt warten musste, füllte sich ihre Brust mit Schnee. Sie glaubte, von nun an ginge ihr nie wieder etwas zu Herzen. Der Arzt trat ein, schaute sie einen scheuen Augenblick lang an, bevor er düster auf den Stuhl vor seinem Schreibtisch deutete und sie bat, sich zu setzen. Sie blieb demonstrativ stehen. Fast stellte sie sich auf wie ein Soldat beim Appell, während er ihr die Diagnose und Therapie erläuterte. Solange er ihr Todesurteil verlas, keine Regung zu zeigen, war ihr letzter Triumph.

Als sich eines Vormittags der Tod ankündigte, rief sie Gabriel an. Lina konnte jetzt nicht allein sein. Gabriel hatte sein Büro im Untergeschoss, er hätte nur die zwei Treppenabsätze hinauflaufen müssen. Sie horchte auf seinen Schritt. Sie hörte die Autos auf der vierspurigen Ausfahrtstraße und das Quietschen der Schienen. Lina hoffte bis zuletzt, dass er kommen würde, aber Gabriel kam nicht. Stattdessen schlich der zerbissene Kater um das Sofa, auf dem sie lag. Sie lockte ihn mit der rechten Hand, die sie noch ein wenig bewegen konnte. Er sprang auf ihr Lager und schmiegte sich an Linas Seite. Er war warm und schnurrte. Wie ihr Zwillingsbruder dachte sie…

Als Gabriel das Wohnzimmer betrat, lag sie lang ausgestreckt auf dem weißen Sofa, der Kater saß unbeweglich auf ihrer Brust. Im Gegenlicht sah Gabriel nur die Silhouette seiner Frau und die des Tieres. Die beiden bildeten eine vollkommene Einheit. Bis sich der Kater aus seiner Erstarrung löste und mit einem aggressiven Fauchen gegen ihn von der Leiche herabsprang. Er entwich noch zur selben Stunde aus dem Haus und kam nie zurück.

Lina war gestorben. Ihr kleines Reich war für immer untergegangen. Ohne ihren Schutz lebte Gabriel noch vier Jahre. Bevor seine Erben das Haus verkaufen konnten, stahlen die Nachbarn die besten Stücke des Mobiliars. Die einen, weil sich ihnen die Gelegenheit bot, die anderen, weil sie noch eine Rechnung offen hatten mit den Toten.

Die Erben nahmen dann das, was ihnen nützlich erschien, den Rest verschenkten sie. Nur ein Neffe, in ständiger Geldnot, holte das weiße Sofa ab, um es zu verkaufen. Der erste Anwärter ließ sich verleugnen, weil er das Geld am Vorabend versoffen hatte. Der zweite Interessent trat vom Kauf zurück, als er unter dem Polster ein Etikett mit der Aufschrift „Kunstleder“ fand. Die Kosten für den Transport waren am Ende höher als die Summe, die der letzte Käufer dem jungen Mann bot. Das erzürnte ihn; schließlich schleppte er, der selbst nur in einem kleinen Appartement lebte, das Sofa in den Gemeinschaftskeller. Die Katze der Nachbarin richtete sich dort ihr Wochenbett ein. Als er das entdeckte, war es zu spät, das Sofa war ruiniert.

Das Kreuz

Ein Mann rief an. Er sprach mit fremdem Akzent. Er forderte mich auf, meine Mutter zu besuchen. Es klang dringend.

Unverzüglich stand ich in Mantel und Schuhen. Obwohl ich den Anrufer nicht kannte, hatte ich mit einem solchen Hilferuf gerechnet. Niemand kann wissen, wann die letzte Stunde eines Menschen schlägt.

Ich überquerte den Hof, öffnete das Garagentor und fand den Raum dahinter leer. Ich war in großer Verlegenheit: Das Auto fehlte, das Auto.

Vor Wochen hatte sich mein Mann auf eine Dienstreise in den Osten begeben. Er war nicht zurückgekommen. Das Auto hatte einen Motorschaden gehabt. Kein Mechaniker konnte helfen.

Es gab einen Bahnhof, er lag unten im Ort. Man konnte ihn vom Hof aus sehen. Vor Jahren hatte man in unseren Wald eine Schneise geschlagen, der Weg führte direkt auf ihn zu. Allerdings waren mir so seltsame Dinge zu Ohren gekommen, dass ich diesen Ort immer gemieden hatte. Eine Notlage, wie diese, auf einen Zug angewiesen zu sein, war bisher undenkbar für mich.

Ich trat wieder ins Haus und horchte. Alles war still. Alles schlief. Ich nahm – gegen meine Gewohnheit – nichts mit. Da ich zwei kranke Kinder zu versorgen habe, steht im Hausflur immer eine Tasche bereit mit Verbandszeug und Infusionen.

Im Hof stehend, verriegele ich hinter mir das Tor mit aller Sorgfalt. Kein Nachbar sollte in meiner Abwesenheit meine hilflosen Kinder aus dem Haus locken können. Das Haus ist ihre einzige Sicherheit.

Wenngleich sich der Bahnhof in der Unterstadt befindet, gehe ich immer geradeaus. Dann, als öffne sich unmittelbar vor meinem Haus der Bahnhofsplatz, bin ich schon dort.

Angekommen, quält mich plötzlich unerträglicher Durst, als sei ich Stunden marschiert. Ein Brunnen, an dem ich ihn löschen könnte, lässt sich nirgends finden.

Ich stoße die große gläserne Tür zur Bahnhofshalle auf; Stille empfängt mich, Kühle. Unzählige Geschäfte, aneinandergeklebt wie Waben eines Bienenstocks, füllen den Westflügel des Gebäudes.

Jedes zweite Geschäft wirbt in seinen Auslagen mit Getränken. An Geld fehlt es mir nicht; ich werde hier kaufen, was ich zum Überleben benötige. Wer weiß, wie lange eine solche Reise sich hinzieht?

Meine Schritte hallen auf den Betonplatten; fürchten könnte ich mich vor ihnen. Die Geschäfte sind ohne Licht, die Rolltreppen ohne Bewegung, die Bahnsteige menschenleer. Nicht von allen Bahnhöfen gehen Züge ab; viele sind stillgelegt. Man liest immer wieder davon.

Geübt im Warten, begreife ich: An Fahrpläne hält sich hier niemand mehr. Züge rasen, wie es scheint, in entgegengesetzten Richtungen auf ein- und demselben Schienenpaar.

Man achte auf die Weichen, sie leisten die ganze Arbeit: einmal müssen sie biegsam und nachgiebig sein, dann wieder hart und unbeugsam, schließlich ihre Winkel verändern. Mancher ist schon durch eine fehlerhafte Gleisgabelung zu Tode gekommen.

Auch vor dem Fahrtwind der Züge muss man sich in Acht nehmen, er hat die Kraft, eine Frau wie mich in die Tiefe zu reißen. Sobald ich das Donnern von Rädern höre, umklammere ich den Pfeiler, der einen Teil der Überdachung stützt, unter der ich Schutz gefunden habe.

Unbrauchbar sind sie indes alle: über den massiven Pfeilern aus Beton sind die Überdachungen eingebrochen, an den hohen schlanken die Lichter und Anzeigetafeln erloschen.

An den Mast geklebt wie Odysseus, warte ich auf den Zug, der mich zu meiner Mutter bringt. Aber die ganze Bande der Lokführer scheint nur einem Befehl zu gehorchen, nirgendwo an diesem Bahnhof zu halten.

Es bleibt mir nichts übrig, als den Moment abzupassen und mich zwischen zwei Züge zu werfen, die in dieselbe Richtung fahren. Keine zehn Minuten ausgeharrt: und schon kann die eisige Fahrt beginnen. Zwischen die Stoßdämpfer des ersten und die Frontleuchten des zweiten Zuges geklemmt, überwinde ich die Stationen meiner Kindheit.

Aufgebrochen am Mittag bei Totengeläut, empfängt mich die letzte Station mit Angelusläuten. Kaum habe ich den Kohlenstaub aus meinen Kleidern geklopft, winkt mir ein Taxifahrer zu: Er weiß, wohin es gehen muss, als habe ihn jemand bestellt.

Ich versuche ihn auszufragen, in welchem Verhältnis er zu meiner Mutter steht. Hat man ihn etwa, den Außenstehenden, über den Zustand meiner Mutter eingeweiht?

Kurz angebunden macht der Mann mich darauf aufmerksam, dass ich ein hohes Bußgeld zu zahlen habe, wenn ich mich nicht sofort anschnalle. Aber wo ist der Sicherheitsgurt in diesem Auto?

Vor dem Mietshaus, in dem meine Mutter im Parterre wohnt, hält der Taxifahrer an. Auf mein Zögern hin, auszusteigen, wird er grob. Er reißt die Wagentür an meiner Seite auf, kippt meinen Sitz nach vorn, dass meine Knie hart an die Armatur schlagen und versetzt mir zu guter Letzt einen Tritt. Dann braust er davon.

Ich stehe vor dem Eingang des Hauses, in dem ich aufgewachsen bin. Überfliege die Namen auf dem Klingelbrett neben den Briefkästen. Der Name meiner Mutter fehlt.

Heimgesucht von schlimmen Vorahnungen, surrt schon der elektrische Türöffner. Ich stemme mein ganzes Gewicht gegen die schwere Glastür, die sich kaum öffnen lässt.

Im Hausflur schlägt mir ein scharfer Geruch entgegen. Meine Mutter ist fast blind. Jede Speise, die sie unter Qualen zubereitet, verbrennt auf ihrem Herd. Speisen von Freunden traut sie nicht; sie glaubt, durch Anderes vergiftet zu werden. Dabei ersehnt sie den Tod.

Aus den Angeln gehoben, lehnt die Wohnungstür am Treppengeländer. Höflich auf der Schwelle zu warten, erzwingt meine Erziehung. Leise, ich will nicht die ganze Hausgemeinschaft auf meinen seltenen Besuch aufmerksam machen, rufe ich nach meiner Mutter. Blinde haben ein feines Gehör – auch in hohem Alter.

Schlagartig wird der Korridor bis in alle Winkel hinein erleuchtet. Wie in einem Theater, wenn wir den Beginn eines neu inszenierten Stückes erleben. Auf alles gefasst, schreite ich den Flur meiner Kindheit mit den Augen ab. Ich suche, wie auf jeder Bühne, nach den Wahrscheinlichkeiten und Wahrheiten eines Stückes, indem ich mir seine Requisiten anschaue.

Gut, sage ich mir, man hat Schränke und Stühle aus der Diele entfernt, die mir aus Kindertagen vertraut sind und die zu meinem Erbe gehören. Das scheint mir vernünftig. Ich glaube an die gute Gesinnung von Pflegern. Sie werden meine Mutter – mit viel Feingefühl – in den Rollstuhl gezwungen und ihr damit die Weitläufigkeit der Wohnung erhalten haben.

Aber gibt es eine Person, *eine* auf der Welt, die meine Mutter schieben, rollen, anstoßen, drängen, dirigieren und erniedrigen kann, sich wie ein Krüppel dem Rollstuhl zu ergeben?

Und wer, zum Teufel, hat rechts und links des Flurs einen hölzernen Handlauf angebracht, der sich auf Schulterhöhe befindet? Keine Prothese, kein Hilfsmittel reicht da hinauf.

Gedankenverloren suche ich nach einer Erklärung, als ein Mann aus der Schlafzimmertür meiner Mutter tritt. Er lächelt auf dieser beleuchteten Bühne. Er ist einfach gekleidet, sein Rücken gekrümmt, sein Gesicht dunkel wie eine Olive, Mund und Hals verschattet durch einen dichten Vollbart.

Er trägt einen Säugling im Arm. Zärtlich wie eine Amme. Er mustert mich, durchschaut sofort meine missliche Lage – immer bin ich zu spät, hoffentlich lebt meine Mutter noch – und bemitleidet mich. Ein wenig gönnerhaft überlässt er mir einen Teil seines Glücks, indem er mir das Kind darbietet. Ich bin außer mir: Es ist vollkommen – und meine Mutter sofort vergessen.

Plötzlich steht eine Frau neben dem Alten, sie könnte seine Tochter sein. Sie sieht uns abfällig an. Nicht den Säugling, bei seinem Anblick schließt sie die Augen wie eine Betende. Inbrünstig streckt sie dann die Arme nach ihm aus. Der Alte verweigert ihr die Übergabe.

Die Frau ist aufreizend gekleidet und besitzt die Schönheit und Härte einer halbverhungerten Osteuropäerin.

„Munter!“ sagt sie; klatscht zwei Mal in die Hände, und meine Mutter löst sich aus dem Schatten des tiefen Flures.

Sofort will ich ihr entgegeneilen, wie ich es seit Jahren gewohnt bin; die Kriechende vom Boden aufheben; sie aus ihrer Erniedrigung befreien. Was wird sie zu leiden haben unter den Blicken der Fremden!

Dafür werden Töchter in die Welt gesetzt, um ihre Mütter vor allen Widrigkeiten des Lebens zu schützen; das ist ihre natürliche Aufgabe. So ist es.

Aber die Alte liegt nicht am Boden; kriecht nicht wie eine Schlange den endlosen Flur entlang, Meter um Meter, um endlich von mir, ihrer Tochter, aufgehoben und liebkost zu werden.

Sie steht aufrecht. Wie ein Soldat. Sie ist bleich und abgemagert; aber beherrscht mit eisernem Willen jede Bewegung ihres geschundenen Körpers. Leicht schwankend tritt sie mir mit ausgebreiteten Armen entgegen.

Im letzten Moment sehe ich ihr schmerzverzerrtes Gesicht und das Kreuz, das sie trägt. Man hat es ihr auf den Rücken gebunden, ihre Arme und ihren Leib mit Stricken daran fixiert. Das Ding hat, so sieht es aus, ein ungeheures Gewicht; ein junger Mann würde unter ihm zusammenbrechen.

Und ich glaubte, die ausgebreiteten Arme hätten mir gegolten. Wären ein Zeichen der Freude und des Verzeihens gewesen. Wer kann schon die Gesten einer Mutter deuten?

Sobald meine Mutter den dunkelhäutigen Säugling in den Armen des Alten erblickt, entspannen sich ihre Gesichtszüge. Erquickt, als hätte sie die Last des Kreuzes von sich geworfen, beugt sie sich über das Kind und lächelt.

„Die da", stößt sie verbittert hervor und wendet sich dem Alten zu, der vorauseilend seine Rechte hebt, um sie zu besänftigen,

„hat mir keine Enkel geboren. Sie zwingt mich, einen fremden Messias anzubeten."

Jetzt erst fallen mir wieder meine Kinder ein; was tue ich, wie rette ich sie, wie schütze ich die Vater- und Mutterlosen vor den Nachbarn, zehn Meilen von ihnen entfernt?

„Ich fahre gleich wieder zurück", denke ich, vergesse dabei, dass der Zugverkehr eingestellt ist und der grobe Taxifahrer jedes Fortkommen von mir vereiteln wird, gleichgültig, wie viel Geld ich ihm anbiete.

Das Keifen der Frau reißt mich aus meinen Überlegungen. Wie Vieh treibt sie uns in die Küche, die früher einmal meiner Mutter gehörte; ein Unglücksort von je her.

Dort, wo der alte schöne Küchentisch gestanden hatte, Mittelpunkt einer glücklichen Familie, steht jetzt ein Bretterverschlag, in seiner Mitte ein Trog.

Stumm bedeutet mir meine Mutter, indem sie mich mit dem Querbalken in die Richtung des Gefäßes drängt, sie zu füttern. Ich greife in den Abfall, ziehe die besten Stücke für sie heraus und schiebe sie ihr in den zahnlosen Mund. Nicht alles verträgt mein Mütterlein; das meiste spuckt sie aus; bald bin ich von oben bis unten mit Unverdaulichem besudelt.

Auch mich überkommt Hunger. Zuerst weigere ich mich, von dem Fraß zu essen. Am Ende sage ich: „Greif zu, sonst wirst Du verhungern", und wühle wie ein Schwein in dem Bottich.

Der Alte und seine Tochter bringen meine Mutter zu Bett. Wehmütig schaue ich ihr nach; was, wenn dieser Blick der letzte in meinem Leben gewesen ist? So wenig habe ich für sie tun können – immerhin hat sie Befriedigung daraus ziehen können, mich ein Mal bespucken zu können.

Von meinen wehrlosen Kindern und meinem geliebten Ehemann getrennt, am Leben gehalten allein von der Sehnsucht nach ihnen, entreißt man mir jetzt auch noch die Mutter.

Eine lange Zeit stehe ich in der Küche und suche nach Erinnerungen. Dann lege ich mir Fluchtpläne zurecht. Alle sind undurchführbar, solange meine Mutter an das Kreuz gefesselt ist.

In der Nacht schlüpfe ich in ihr Schlafzimmer. Sie liegt in der Mitte des Ehebetts, in dem mein Vater gestorben ist. Unter ihr das Kreuz, an dem sie noch im Schlaf kleben muss. Es reicht von einer Seite der Matratze zur anderen. Suchend richtet sie ihre Augen auf mich.

„Wirst du mich retten?“ flüstert schluchzend meine Mutter, ganz geblendet durch meine Anwesenheit. So sind die alten Leute in unserer Gegend. Immer das Unmögliche von ihren Töchtern verlangen.

Überheizt ist das Zimmer, trocken die Luft, kaum genug Sauerstoff vorhanden für zwei Lungen. Ich versuche das Fenster zu öffnen. Es ist verriegelt, ebenso wie die Tür.

Ich entledige mich meiner Kleider, hoffe auf Erfrischung für Körper und Geist. Es hilft mir nichts, denn jetzt nehmen der Alte und die herrische Frau mich beim Kopf und bei den Füßen und tragen mich ins Bett.

Gekrümmt wie ein Embryo, finde ich gerade Platz unter dem rechten Querbalken des Kreuzes, eingekeilt zwischen der Wand und dem Leib meiner Mutter. Mich zu bewegen, wage ich nicht; zu schnarchen nicht; ihren Schlaf zu stören nicht. Er ist, in dieser abscheulichen Lage, in der sie sich befindet, ihre einzige Erholung.

Warm liegt das Bettzeug um mich. Ich bin durchaus gefasst und allen überlegen und bleibe es auch, während ich meine Situation überdenke, die sich vielleicht nicht mehr ändern lässt.

„Weißt du", höre ich, mir ins Ohr gesagt, „mein Vertrauen zu dir ist sehr gering. Du bist auch nur irgendwo abgeschüttelt, kommst nicht auf eigenen Füßen. Statt zu helfen, engst du mir mein Sterbebett ein."

„Richtig", sage ich, „es ist eine Schmach. Ich bin nur eine Tochter und dazu unfruchtbar. Hätte ich dir Söhne geboren, wären sie so stark, dich aus diesem Loch zu befreien".

„Mit dieser Entschuldigung soll ich mich begnügen? Ach, ich muss wohl. Immer muss ich mich begnügen."

Solange meine Mutter klagt und seufzt, versetzt sie mir mit dem Balken leichte Hiebe gegen Kopf und Rippen. Für den Kummer, den ich ihr als ihr einziges Kind bereite, scheint das für sie ein kleiner Ausgleich zu sein.

Am nächsten Morgen werde ich geweckt durch fröhlichen Singsang. Die Schlafzimmertür, die in der Nacht verschlossen war, steht weit offen, ebenso das Fenster. Laue Luft durchflutet den Raum.

Als handele es sich um ein eben abgestelltes Sportgerät, so unverdächtig steht das Holzkreuz an der Wand gegenüber unserer Schlafstatt. Wie selbstverständlich benutzt meine Mutter es als Gerüst für ihre Morgengymnastik. Ausgeschlafen und guter Dinge scheint sie und sportbesessen wie in ihren jungen Jahren.

Von Fluchtplänen, die ich ihr zuflüstere, will sie nichts wissen. Kaffeeduft ist für alte Menschen ein tausendmal köstlicherer Sinnesreiz als der, sich Gedanken über die Freiheit zu machen.

Empört über ihre Bestechlichkeit, versuche ich aus dem Bett zu springen, will sie daran hindern, in die Küche zu gehen. Ich will sie auf das Unrecht aufmerksam machen, das man ihr gestern, vor meinen Augen, angetan hat.

Meine Argumente werden abgetan. Ein anderer Mieter hat sich meiner Mutter zugesellt; er legt ihr die Riemen des Kreuzes an, so zuvorkommend, als helfe er ihr an einem kalten Tag in einen wollenen Mantel.

Zufrieden machen sich die beiden Greise auf den Weg: Ihr Ziel ist der üppig gedeckte Frühstückstisch in der Küche. Sie loben die niedrigen Preise in diesem Grand-Hotel.

Ungewaschen taumele ich hinter ihnen her, versuche sie aufzuhalten: einmal verwünsche ich sie, dann wieder drohe ich ihnen, endlich umzukehren. Aber meine Gliedmaßen gehorchen mir nicht, langsam wie eine alte Frau, schleppe ich mich durch den Gang; hangele mich an den Handläufen Schritt um Schritt vorwärts.

„Das“, denke ich, „wird immerfort so gehen, denn es gibt keinen Ausweg“. In der Nacht sind alle Türen und Fenster verschlossen, und meine Mutter hilflos; am Tag sind sie geöffnet, aber bewacht, und sie ist quicklebendig.

Am Ende, das ahne ich, werde ich das sein, was meine Mutter war: ein unglücklicher Krüppel. Und sie wird mich in Besitz nehmen und das sein, was ich war: ein aufrechter Mensch.

Müdigkeit und Hunger sind nun meine größten Feinde. Aber jetzt ist es Zeit, an meine Rettung zu denken. Noch lehnt die Wohnungstür achtlos am Treppengeländer.

Mit dem Ankleiden will ich mich nicht aufhalten; gewissermaßen empfindet man Nackten gegenüber stärkeres Mitleid als Bekleideten. Wenn ich erst einmal auf die Straße hinausgekommen bin, wird sich schon jemand finden, der sich meiner erbarmt und mich nach Hause fährt.

Unbeobachtet stehle ich mich aus der Wohnung, springe die sechs Stufen der Treppe wie ein Kind hinunter, laufe zur Tür, reiße und rüttle an ihrer Klinke: natürlich, die Tür ist verschlossen. Ich greife nach einem Eisen, das an der Wand lehnt, und will ihr Glas zerschlagen. Plötzlich bin ich umringt von den Mietern des Hauses; nicht einer fehlt; alle gaffen mich an.

Mieter kennen kein Mitleid, das weiß jeder, der Eigentum besitzt. Mieter lieben es, sich zusammen zu rotten, zu tuscheln, mit den Augen Urteile zu verhängen. Jetzt sind sie entzückt über meine Nacktheit, von meiner Scham. Einer nach dem anderen zeigt mit dem Finger auf mich. Fröstelnd trete ich den Rückzug an; die türlose Wohnung meiner Mutter ist mir nun gerade recht.

Tage und Wochen sind vergangen. Abgemagert und bleich krieche ich über den Estrich. Der aufrechte Gang ist mir abhanden gekommen.

Allein Abfälle ernähren mich, die meine Mutter für mich sammelt. Um meinen Appetit anzuregen, breitet sie die Speisen auf einer alten Zeitung aus. Da ist altes halbverfaultes Gemüse; Knochen vom Nachtmahl her, die von festgewordener weißer Soße umgeben sind; ein paar Rosinen und Mandeln; ein Käse, den ich vor Wochen noch als ungenießbar erklärt hätte.

Rasch hintereinander und mit vor Befriedigung tränenden Augen verzehre ich den Käse, das Gemüse und die Soße. Bei Kräften zu bleiben, ist mein einziges Ziel. Denn noch glaube ich an Rettung.

Tag für Tag nehme ich die Strapaze auf mich und krieche in mein altes Kinderzimmer. Von seinem Fenster lässt sich die Straße überblicken. Für eine Kreatur, wie ich sie geworden bin, ist die Höhe des Fensterbrettes eine unüberwindbare Hürde. Wäre nicht mein Mütterlein, das mich vom Boden aufhöbe, mir liebkosend Mut machte und das Kreuz stützte, damit ich aufrecht am Fenster stehen kann, um Ausschau nach meinem Retter zu halten, der gewiss aus dem Osten zurückgekehrt ist, wäre ich verloren.

Eines Tages, tatsächlich, steht mein Mann vor dem Haus. Er winkt; er lächelt, wirft mir Kusshändchen zu; er ist die Zuversicht selbst. Schon fühle ich mich gerettet; die Gefangenschaft, mein verkrüppelter Rücken und die Sorgen um die Kinder sind vergessen! Gleich wird er die Treppe hinaufstürmen, die Tür öffnen und meine Mutter und mich in die Freiheit führen.

Die alte Sehnsucht bemächtigt sich meiner, die durch schlechte Kost, ein qualvolles Lager und viele Erniedrigungen in mir abgetötet worden ist. Niemanden liebe ich so wie meinen Mann!

Jäh verdüstert sich sein Gesicht, während ich vor Zuversicht außer mir bin. Er weicht Schritt um Schritt zurück, stolpert über ein Hindernis in seinem Rücken, auf das ich ihn gerade aufmerksam machen will. Unsagbarer Schmerz hält ihn am Boden.

Verzweifelt wende ich mich meiner Mutter zu, will sie fragen, was meinen Mann erschreckt…? Da sehe ich in das Gesicht einer Furie. Sie ist es, die alles vereitelt, was ich für unser Fortkommen in die Wege leite. Sie hebt ihre Rechte; droht mit geballter Faust; ihre muskulösen Arme greifen über mich hinweg, reißen das Fenster aus den Angeln und werfen es ihm nach. Die ganze Straße ist erfüllt von dem Splittern des Glases, dem Krachen des Holzes und ihren Verwünschungen, die sie dem Zurückweichenden nachbrüllt. Immer hat sie ihn für einen Schwächling gehalten.

Niemals werde ich den Geliebten wiedersehen. Mein täglicher Anblick wird sie sein: kraftvoll und fest im Fleisch, geschmeidig in ihren Bewegungen, tyrannisch in ihren Gesten, rosig ihre Wangen, aufrecht ihr Gang. Das alles vermag mein Mütterlein, das sich aus den Schlingen des Kreuzes befreit hat.

Eine Suppe für den Maler

1.

Er war tüchtig. In gewisser Weise auch erfolgreich. Aber seine Frau verdiente das Geld. Nicht, dass sie ihn das jeden Tag spüren ließ, aber wenn er in die Stadt fuhr und über Mittag dort zu tun hatte, aß er jedes Mal nur eine Kleinigkeit. Zu einer größeren Mahlzeit fehlte ihm der Mut. Es war nicht die höhere Rechnung, die ihn belastete, sie wäre zu Hause gar nicht aufgefallen. Es war das eigene Unbehagen, das ihn davon abhielt, sich etwas zu leisten, das ihm als gering verdienenden Künstler nicht angemessen erschien.

Zwei Mal im letzten Jahren war er aus Trotz gegen sich selbst – seine Frau ermunterte ihn geradezu, bei seinen Stadtbesuchen besser zu essen – in ein richtiges Lokal gegangen. Die Speisekarte im Aushang war beide Male verlockend gewesen, und die Namen der Gerichte verwandelten sich in seiner Phantasie zu farbenreichen Stillleben. Allein der Blick in den Gastraum, auf den leeren Gang, auf die spärlich besetzten Tische mit ihren makellos weißen Tischdecken, hin zu den lauernden Kellnern… waren das nicht alles schlechte Zeichen? Natürlich, am Abend würden Gäste in bester Stimmung hereinströmen und sich an den sorgfältig eingedeckten Tischen niederlassen, bis alle besetzt waren. Aber jetzt am Mittag kamen ihm Wirt und Kellner wie Schauspieler vor, die etwas anboten, das nicht wirklich existierte oder nur auf einer Bühne. Und er selbst wäre, wenn er sich hier niederließ und zu essen wünschte, ein Hochstapler.

Mit einem Ruck entschied er sich, zu einem anderen Lokal zu gehen, das drei oder fünf Minuten entfernt lag. Die Speisekarte dort sagte ihm aber viel weniger zu und er verfluchte seine Feigheit. Er ging zurück, zwang sich, den schweren wollenen Vorhang hinter der Eingangstür wegzuschieben und an einem der weiß gedeckten Tische Platz zu nehmen. Er wählte einen kleinen am Fenster, damit er nach draußen schauen und den Ausgang im Auge behalten konnte. Vielleicht, dachte er, würde er in dem Winkel übersehen und gar nicht bedient werden. Dann hätte er einen Grund, aufzustehen und zu gehen. Ihm bliebe anschließend immer noch der Laden, der Salate und Suppen anbot, in dem er sonst aß.

Er setzte sich sehr aufrecht an sein Tischchen, unnatürlich gerade, denn er wollte sich keine Blöße geben. Keiner sollte merken, dass die Situation für ihn ungewohnt war, er aus Hemmungen oder finanziellen Gründen selten ein Lokal betrat. Außerdem hatte er Hunger, und der erste Schritt war ja getan. Wenn er jetzt von dem Kellner ignoriert würde, wie er es eben noch gewünscht hatte, wäre er verletzt.

Er bestellte mehr, als sein Appetit verlangte, er wollte nicht kleinlich erscheinen, weder vor dem Personal noch vor sich selbst. Da er so selten auswärts aß, wollte er dieses Mal fürstlich speisen, wollte sich später an den besonderen Tag erinnern können. Am Ende des Mahls bestand ja die Möglichkeit, die Reste einpacken zu lassen – das taten heutzutage viele –, um dann zu Hause seiner Frau vorzuführen, während er von dem Mitgebrachten aß, wie schmackhaft Restaurantessen sein konnte.

Als die Speisen in kleinen Schüsseln aufgetragen waren, kostete es ihn einige Überwindung, sich den Teller voll zu laden.

Sein Heißhunger war verflogen, er verkrampfte und verschluckte sich, bis die Frau vom Nachbartisch zu ihm herüber blickte. Nun aß er mit Bedacht und langsam, wie er es zu Hause tat. Seine Frau meinte immer, er esse zu langsam. Bevor er richtig angefangen hatte, sich über das gute Mahl zu freuen, begann er es schon aufzuteilen. Er zog mit dem Auge in der Mitte des Tellers eine Linie, bis zu der er essen durfte, damit es sich lohnte, den Rest einpacken zu lassen.

Als schließlich die junge Aushilfe kam, um das Geschirr abzuräumen und nach seinen weiteren Wünschen zu fragen, sank er in sich zusammen. Nach einer kurzen Pause bot sie von selbst an, die Reste einzupacken. Er tat so, als hätte er gar nicht daran gedacht, und nickte wie abwesend, bestellte mit fester Stimme einen üppigen Nachtisch und verlangte gleichzeitig die Rechnung. Am Ende gab er ein übertrieben hohes Trinkgeld, die Sahnecreme auf seinem Dessert-Teller war kaum angerührt.

Wieder draußen an der frischen Luft, fiel eine Last von ihm. Wie hatte er sich anstrengen müssen für dieses zweifelhafte Vergnügen. Jetzt schritt er weit aus, um das Lokal schnell hinter sich zu lassen und konzentrierte sich auf die Einkaufsliste, die er zusammen mit seiner Frau aufgestellt hatte und die ihn in verschiedene Geschäfte führte. Das letzte, ein Bio-Supermarkt, lag direkt gegenüber seinem kleinen Bistro. Fast sehnsüchtig durchdrang sein Blick die vom Dunst der heißen Brühen beschlagenen Scheiben und er erahnte hinter ihnen die einfachen Holztische, an denen er so oft ganz ungezwungen gesessen hatte.

Zu Hause sprach er nicht über seinen Mittagsimbiss, obwohl er von seinen übertriebenen Gefühlen weiterhin beherrscht wurde. Einmal nahm er sich vor, das Ganze zu vergessen, dann wieder, viel öfter Essen zu gehen, um durch Routine das innere Drama, das ihn schon beim Betrachten der Speisekarte im Schaukasten befiel, zu überwinden.

Seine Frau war von ganz anderer Art: sie liebte Grundsätze. Sie würde sich selbst einer solchen Situation des Abwägens und Prüfens nicht aussetzen. Sie dachte nicht einmal daran, ein Restaurant aufzusuchen, wenn sie auswärts zu tun hatte. Das Obst und die Wasserflasche auf der Rückbank ihres Wagens waren wie eine Garantie für sie, sich einer fremden Küche nicht ausliefern zu müssen. Wenn ihre Kollegen vorschlugen, sich in einem Restaurant zu treffen, stimmte sie dem zwar zu, blieb aber, auch wenn sie eingeladen wurde, bei ihrem Standpunkt, dass die Inneneinrichtung geschmacklos war, der Wirt hochmütig, der Kellner dreist oder unaufmerksam, ihr Menü schlecht und teuer. Das Ganze war dann für sie ein verlorener Mittag oder Abend.

Da sie wusste, wie gerne er unter Leute ging und wie viel Zeit er in einsamer Arbeit verbrachte, ermunterte sie ihn, sich mit Freunden oder Kollegen am Abend zu verabreden. Sie schlug ihm sogar vor, einen wöchentlichen Stammtisch für Künstler zu organisieren. Als ihm das gelungen war, fühlte er sich plötzlich für die verantwortlich, von denen er glaubte, sie hätten ein noch geringeres Einkommen als er, und bezahlte für sie mit. Wenn er seiner Frau von den armen Teufeln erzählte, bekräftigte sie ihn in seiner Hilfsbereitschaft und dachte nicht daran, dass es ihr Geld war, das er ohne jedes Aufheben weiter schenkte.

Ein bis zwei Mal im Jahr allerdings verwandelte sich ihre Großzügigkeit ihm gegenüber ins Gegenteil. Der Tag war von

Anfang an anders als die übrigen. Sie war missgelaunt, keinesfalls irrational, darauf achtete sie. Nach dem Frühstück, wenn die Tischfläche leer und sauber war, rechnete sie ihm bis auf den Cent genau aus, was sie verdient und er verbraucht hatte. Sie musste sich mit der Sache schon am Vortag beschäftigt haben, da sie alle Belege blitzschnell zur Hand hatte. Bei manchen Summen schlug sie mit der rechten Handkante leicht auf den Tisch, als wollte sie bekräftigen, wie unverantwortlich sein Umgang mit Geld war. Als würde durch seine Haltung die Familie von einer Minute zur anderen in Armut gestürzt.

Der Vorwurf war immer derselbe, er kümmere sich zu wenig um Geldangelegenheiten. Dann kam sie auf seine geringen Einnahmen zu sprechen. Wenn er dabei traurig oder ratlos vor sich hin starrte, begann sie ihm Ratschläge zu geben. Er solle seine Bilder größer signieren, sich als Künstler selbstbewusster geben – er sei besser als seine Kollegen – und die Preise erhöhen, das würde den Käufern Respekt einflößen.

Besonders schmerzhaft war für ihn bei diesen Gesprächen ihre Körperhaltung. Er war um viele Zentimeter größer als sie, sank aber während ihrer Aufrechnungen in sich zusammen. Wäre jetzt das Hochzeitsfoto von ihnen gemacht worden, hätten ihre beiden Kinder immer behauptet, dass die ‚Mama' den ‚Papa' um einen Kopf überrage.

Das Schlimme war, er konnte den Zahlen nicht widersprechen. Sie stimmten. Er verdiente nichts; sie alles. Und sie war noch großzügig in ihren Berechnungen! Die kleine Erbschaft allerdings, die er vor einem Jahr gemacht hatte, spielte sie herunter oder übertrieb sie in einer Weise – auch vor anderen –, bis die ganze Angelegenheit jedem lächerlich erscheinen musste.

Dabei hatte sie von eben diesem Geld, das er von Anfang an nicht als sein Geld ansah, weil er es nicht mit seiner Hände Arbeit verdient hatte, dem einen Kind, das ein Taugenichts war, eine kleine Eigentumswohnung gekauft. Natürlich hatte er sein Einverständnis dazu gegeben: Er liebte gerade das Kind besonders.

Er versuchte, seine Kränkung nicht zu zeigen. Er musste auch zugeben, dass es nicht seine Frau war, die ihn kränkte, sondern das Leben. Er strengte sich als Maler noch mehr an und lernte weitere neue Techniken, verfeinerte seinen Malstil, wenn es um Landschaftsaquarelle ging, wechselte von der Ölmalerei zur Acrylmalerei, wie das alle taten. Er versuchte sich an Illustrationen, die er Zeitungen und Verlagen anbot. Aber er war ungeschickt. Auf mögliche Mängel in seinen Arbeiten machte er die Käufer selbst aufmerksam, so dass sie ihn wohl für einen seltsamen Kauz hielten und nicht zugriffen.

Immer häufiger beobachtete er sich, während er ein Bild verkaufte, ja fast schon verkauft hatte. Langsam begriff er, was ihn hemmte: Bei diesem Geschäft war nicht sein Werk gefragt, sondern vielmehr seine Person. Man wollte von ihm als Künstler etwas, das er instinktiv zurückhielt, als verliere er mit dem Verkauf ein Stück seines orphischen Zaubers, von dem er selbst nicht wusste, woher er kam und wie er zu fassen war außer in seinen Bildern. Sich selbst zu verkaufen, davor schreckte er zurück. Deshalb blieb sein Konto leer.

2.

Eine Mail, die er fast übersah, weil seine Augen am Sonntagabend nur kurz über sie hinwegglitten und sie zwischen zwölf Spams versteckt war, rief er dann doch noch einmal am nächsten Morgen auf. Sie war, wie fast alle Werbung, die ihn über seine Homepage erreichte, in englischer Sprache verfasst und nannte ihn, auch das kannte er, beim Vornamen. Sein Englisch war schlecht, und er gab sich keine Mühe, den Text zu übersetzen, wurde doch schon in der ersten Zeile auf seine Webside Bezug genommen. Das taten die meisten der ungebetenen Verfasser, mit dem Zweck, ihre Dienste anzubieten, um seine Seite auf die eine oder andere Weise besser, erfolgreicher und sicherer zu machen. Diese Art von Mails langweilten ihn, er löschte sie meist während des Überfliegens.

In dieser aber erschienen in der vorletzten Zeile fünf Titel, die ihm bekannt vorkamen: es waren die seiner besten und kostbarsten Bilder, nur leicht verfremdet durch die Übertragung ins Englische. Neugierig geworden, las er die Mail nun Wort für Wort. Nicht alles verstand er, doch er begriff, dass es sich hier um eine Kaufanfrage handelte. Er wollte sie unterdrücken, die kindliche Freude, die ihn ergriff bei der Vorstellung an einen wirklich großen Verkauf von mehreren Bildern.

Die Mail endete mit einem Gruß und der Hoffnung, er werde verschont bleiben von dem gefährlichen Virus, das im Augenblick weltweit grassierte. Unterzeichnet war die Mail mit ‚Joan Zang' und einer entsprechenden Adresse.

Er zwang sich, die Mail für diesen Tag zu vergessen, die Homepage der Frau nicht aufzurufen, überhaupt sich nicht mit ihr zu beschäftigen. Statt dessen arbeitete er wie im Rausch an einer kleinen italienischen Landschaft. In der Nacht aber dachte er bis in die Träume hinein an die Sensation, endlich von einer Sammlerin – er hielt sie wegen ihres Namens für eine Japanerin – entdeckt worden zu sein und ohne Anstrengung im großen Stil Bilder verkaufen zu können wie ein bedeutender Künstler. Er empfand die Anfrage wie ein Geschenk des Himmels, das ihn für die Ungerechtigkeit, die ihm so lange Zeit widerfahren war, entschädigen würde.

Als seine Frau irritiert feststellte, dass er ständig abwesend wirke, nickte er nur und gab vor, von einem technischen Problem bei seiner neuen Arbeit absorbiert zu sein. Noch sollte sie von der Sammlerin nichts wissen, nicht, bevor er sich sicher war, ob es diese Person überhaupt gab. Erst einmal benötigte er Zeit zur Recherche, denn vor einem fürchtete er sich: dass er bei der Sache am Ende als Idiot dastand und seine Frau ihn halb mitleidig, halb kopfschüttelnd über so viel Naivität, einen „Kindskopf" nannte.

Zwei Tage hielt er es aus, in der Sache nichts zu unternehmen, dann sah er sich am Mittwoch endlich die Homepage von Joan an und stellte jubelnd fest, dass sie eine Malerin aus den USA war. Und sogar eine anerkannte, vertreten in mehreren großen Galerien auf vier Kontinenten. Ihre Bilder allerdings sprachen ihn nicht an, ihnen fehlte die Substanz, die den eigentlichen Zauber eines Bildes ausmacht. Ihr Gesicht aber, er und sie waren fast gleich alt, gefiel ihm umso besser. Ihr Ernst und die Schlichtheit ihrer Erscheinung zogen ihn an. Er überlegte, dass es nichts Ungewöhnliches war, wenn sie als erfolgreiche Malerin Kunstwerke anderer Maler sammelte, es gab genug Beispiele für solche Sammlungen.

War jetzt der richtige Zeitpunkt, seine Frau zu fragen, was sie von dem Ganzen hielt? Ihr die Mails von Joan zu zeigen, es waren mittlerweile zwei? Wieder benahm er sich wie ein Umstandskrämer, hatte Hemmungen und nahm mehrere Anläufe. Sie reagierte freundlich, bat ihn aber, mit einer Antwort auf die beiden Mails noch zu warten. Wenn Joan wirklich Interesse habe, werde sie sich bestimmt wieder melden, beruhigte seine Frau ihn.

Zu warten war jedoch das Schwerste für ihn. Es drängte ihn weiter, als würde sich jetzt in dieser Minute sein Schicksal wenden. Ja, auch er hatte in Erwägung gezogen, betrogen zu werden. Es gab viel Kriminalität im Internet.

Seine Frau zeigte ihm ihre Liebe, indem sie nun auch begann, über Joan zu recherchieren. Sie fand neben der professionellen Homepage einige Videos, die Joan in ihrer amerikanischen Galerie im Gespräch mit dem Galeristen zeigten, dem sie ihre neuen Bilder erläuterte. Dabei kam nebenbei ihr Geburtsort zur Sprache, der mit der angegeben Adresse der Mails übereinstimmte. Von der Künstlerin war seine Frau sogar angetan, zweifelte jedoch weiterhin an der Glaubwürdigkeit der Mails.

Am Donnerstag hielt er es nicht mehr aus und schrieb Joan, er würde vier der gewünschten Bilder verkaufen können, das fünfte sei schon reserviert. Sie müsse sich jedoch gedulden, bis er ihr für jedes Maß, Preis und Machart nennen könnte. Am Mittag, während der Abwesenheit seiner Frau, holte er die Bilder mit Hilfe seines Sohnes aus dem Depot, baute sie im Wohnzimmer auf und ließ sie fotografieren. Dann stellte er für alle vier eine ausführliche Liste zusammen, der er noch eine Expertise seiner früheren Galerie hinzufügte. Er ging wie selbstverständlich davon aus, dass Joan als Künstlerin über jedes einzelne Bild genau informiert werden wollte.

Als er ihr die Daten übersenden wollte, war er erstaunt, von ihr schon die dritte Mail vorzufinden, in der sie bekräftigte, sie würde „ungesehen" alle fünf Bilder kaufen, weil sie sich in die Motive „verliebt" hätte. Er war geschmeichelt. Dachte aber, dass sie doch unbedingt die Preise erfahren müsste. Sorgfältig, wie er war, schrieb er Joan am Abend eine Mail, der er zusätzlich zu den allgemeinen Informationen noch eine Interpretation seines besten Bildes mitschickte, das eine symbolische Bedeutung hatte.

Den Freitag verbrachte er in großer Unruhe. Er war sich nicht sicher, ob er, dem früheren Rat seiner Frau folgend, die Bilder nicht zu hoch bepreist hatte. Am Abend wurde er nervös, aß von dem, was er gekocht hatte nichts, rechnete vielmehr hin und her, ob es Morgen oder Abend in Michigan war. In der Nacht stand er auf und schaltete den Computer an. Der richtige Instinkt hatte ihn geleitet: eine vierte Mail von Joan war angekommen. Sie war die längste, zwei Seiten im Ausdruck, und wieder in englischer Sprache, nachdem sie die zweite auf Deutsch geschrieben hatte, da sie von seinen Schwierigkeiten beim Übersetzen in Kenntnis gesetzt war.

Diese ausführliche Mail konnte er ohne die Hilfe seiner Frau nicht verstehen. Das einzige, was er begriff, war Joans Wunsch, zu den fünf Bildern, zwei weitere zu erwerben, die auf dem Fotoausschnitt zufälligerweise noch zu sehen waren.

Am Samstagmorgen, nach einem späten Frühstück, bei dem er auffallend einsilbig blieb, erkundigte seine Frau sich, ob er eine neue Mail von Joan bekommen hätte. Vorbereitet auf diese Frage, zog er den Ausdruck aus der Jackentasche und legte ihn auf den Tisch. Stehend umfasste sie ihn und beugte sich gemeinsam mit ihm über das Papier. Nachdem sie die erste Seite übersetzt hatte, löste er sich aus der halben Umarmung und ließ sich auf seinen Stuhl zurückfallen. Vor Scham und Enttäuschung bedeckte er mit den Händen kurz sein Gesicht, tat dann so, als müsse er sich konzentrieren: nicht ein Wort würde er noch zu dem Vorgang sagen. Alles lag klar auf der Hand: es konnte sich nur um einen Betrug handeln.

Als seine Frau sah, wie niedergeschlagen er war, riet sie ihm, in der deutschen Galerie anzurufen, die Joan Zang vertrat. Er schüttelte düster den Kopf und murrte, er werde sich nicht weiter zum Narren machen, schaute aber am Nachmittag wie nebenbei nach den Öffnungszeiten der Galerie. Noch war seine Wut auf Joan nicht verflogen, so dass er bei dem Telefonat mit der Galerie sein Anliegen selbstbewusst vortrug. Ja, man vertrete die Künstlerin, gab eine junge Frau in deutscher Sprache mit affektiertem amerikanischen Akzent zur Antwort und ergänzte, zwölf brandneue Werke von Joan seien gerade in der vergangenen Woche geliefert worden.

Er beendete schnell das Gespräch, an dem ihm alles unangenehm war, bis auf die Tatsache, dass es Joan wirklich gab. Er verdrängte die junge Galerieassistentin, die mit ihm von oben herab gesprochen hatte, als wäre er unwürdig, auch nur eine weitere Frage über die berühmte Künstlerin an sie zu richten. Seiner Frau sagte er kein Wort von dem Gespräch, denn er hatte bereits einen Plan.

3.

Am Montagmorgen stand er, beladen mit seinem besten Bild, dem unverkäuflichen Fünften, das er gut verpackt und mit zwei Lederriemen auf seinen Rücken geschnallt trug wie ein Wanderarbeiter seine Habe, vor dem Fahrplan im Hauptbahnhof. Die Leute um ihn schauten ihn verwundert an, das war ihm gleichgültig. Er suchte eine Zugverbindung, die ihn in die Hauptstadt zu Joan brachte, ohne große Unterbrechungen und häufiges Umsteigen. Denn das Holz des Tafelbilds wog schwer. Da er aber das günstigste Ticket gekauft hatte, fand er nur Verbindungen, bei denen er einige Male den Zug wechseln musste. Nun gut, auch das würde er überstehen, er hatte ja sein Ziel vor Augen.

In der Zeit bis zur Abfahrt aß er im Stehen noch eine Suppe. Er hatte weiter nichts von zu Hause mitgenommen als sein Bild. Darüber hinaus war ihm alles zur Last geworden: der Proviant, die Kleidung zum Wechseln und das Buch. Jetzt war er euphorisch, als wäre er verliebt. Er wollte ganz für den Moment leben, in dem er Joan zum ersten Mal durch das Schaufenster ihrer Galerie *Yello Moon* vor ihren Werken erblicken würde.

Die erste Station seiner Reise verbrachte er stehend. Noch war es kein Leidensweg. Obwohl er sich vorkam wie ein Käfer, der gezwungen war, hoch aufgereckt in engem Gang zu stehen und in jeder Kurve von seinem bleischweren Panzer in die Ecke geschleudert wurde, den sich das unglückliche Tier aus unerfindlichen Gründen selbst aufgebürdet hatte.

Er wurde müde. Er hatte die Nacht auf Montag nicht geschlafen und am Sonntag in nervöser Anspannung darauf gewartet, dass es Abend wurde. Gleichzeitig hatte er damit begonnen, heimlich seine Vorbereitungen für die Reise zu treffen, wofür er sich noch jetzt verabscheute. Denn seine Frau hintergehen wollte er am allerwenigsten.

Nun schwanden seine Kräfte, und er musste einen anderen Fahrgast um Hilfe bitten, der ihm mit einigem Aufwand das Bild vom Rücken nahm. Sobald er es auf einem Sitz abgestellt und sich auf dem anderen niedergelassen hatte, fürchtete er, er werde einschlafen und das Paket ihm gestohlen. So riss er künstlich die Augen auf, um sich wach zu halten. Nach einer Weile bat er denselben Fahrgast, der immer noch neben der Sitzreihe stand, für ihn einen Kaffee aus dem Zugrestaurant zu holen, denn er hatte großen Durst. Etwas verwundert ging der junge Mann auch auf diesen Wunsch ein, da er ahnte, dass es mit dem schweren Paket eine besondere Bewandtnis hatte.

Auf dem nächsten Bahnhof musste er hasten, um seinen Anschlusszug zu erreichen. Das Bild hielt er mit zwei Händen wie ein Schild vor sich, da in dem vollbesetzten Zug kein Platz gewesen war, es mit einem Schwung auf seinen Rücken zu bringen. Dieses Mal erkämpfte er sich einen Sitz, fand aber keinen, um das Holzkorpus abzustellen. Er hievte es auf seine Oberschenkel, umklammerte es während der Fahrt und schlief ein. Im Traum dachte er, das bleischwere Ding würde ihn ganz langsam mit sich hinab in die Tiefe eines Wassers ziehen.

Als er aufwachte, waren seine Beine wie abgestorben. Er stemmte das Bild auf den Nebensitz, der nun frei geworden war. Sofort begann der Blutstrom durch seine Beine zu pulsieren. Er stand auf, machte ein paar unsichere Schritte und bat die alte Frau, die ihm gegenübersaß, auf sein Paket aufzupassen.

Er ging in den Speisewagen, trank eine kleine Flasche Wasser, eine zweite und einen Kaffee. Er verweilte noch eine Zeit am Tisch und schaute aus dem Fenster, an dem die Bäume vorbeiglitten. Und als er in die vom Wind tanzenden Baumkronen sah, vergaß er sein Ziel, vergaß sein Hab und Gut.

Im dritten Zug hatte er doppeltes Glück, er fand ein leeres Abteil, das zudem noch zur Ruhezone gehörte. Hier konnte er endlich die Stille finden, die er zum Nachdenken benötigte. Von ‚Denken' konnte nicht eigentlich die Rede sein, vielmehr war es ein Träumen, nach dem er sich jetzt sehnte. Er wollte sie sehen, Joan, wie in dem Video, das er heimlich nachts mehrere Male hintereinander angeschaut hatte. Aber an seinem inneren Auge zogen nur die Räume der Galerie vorüber, aufdringlich in ihren Details. Wie sie ihn langweilten: die Fußleisten, die Metallfassungen der luxuriösen Deckenstrahler, die silber glänzenden Haken an den Hängevorrichtungen.

Sobald er sein Gehirn zwang, das Bild von Joans Gesicht hervorzurufen, das ihm so sympathisch geworden war, zerstob sein Tagtraum. Er musste zur Kenntnis nehmen, dass die Illusion, die er mehr liebte als die Realität, sich nicht länger künstlich am Leben halten ließ. Je näher er seinem Ziel kam, je dichter das flache Land besiedelt war, desto sicherer war er, Joan in der Stadt nicht anzutreffen.

Wer aber benutzte Joans Identität, wer schrieb in ihrem Namen, wer wollte ein Geschäft mit ihm machen? Wer benutzte ihre Adresse, wer würde mit ihm skypen, um die weiteren Einzelheiten des Transports zu besprechen?

Er faltete das Papier mit dem Ausdruck ihrer vierten Mail auseinander und las sie noch ein letztes Mal. Er wurde ganz kühl und gelassen, als er die Schlusszeile überflog, in der sie erklärte, seine Bilder würden das Geschenk für ihren Mann zum Hochzeitstag sein und der Verkauf sollte „as quickly as possible“ abgeschlossen werden, „because the date is around the corner“.

Welcher Irrglaube hatte sich seiner bemächtigt, Joan würde an ihn denken? Nichts wusste sie von ihm, nie hatte sie an ihn nur eine Zeile gerichtet, nie eine von ihm erhalten, sie kannte weder seine Sehnsucht, noch seinen Hunger nach Anerkennung. Für sie war er ein Fremder, sie für ihn eine Fremde. Nichts war ihnen gemeinsam, sie kamen von zwei entfernten Sternen: Joan, die anerkannte Künstlerin, die in glamourösen Galerien ausstellte, er, der verkannte Künstler, der kaum zehn Bilder bisher verkauft hatte. Wenn er sich nun vorstellte, wie er mit dem Bild auf dem Rücken die Galerie betreten hätte, dann musste er über so viel Unverstand den Kopf schütteln.

Als der Zug die Hauptstadt erreichte, stieg der Maler nicht aus. Er wartete, bis sich die Türen wieder schlossen und legte seinen Kopf auf sein Bild. So hart gebettet würde er in die Nacht hinein fahren, weiter, immer weiter, bis er an einen Ort käme, an dem ihm die Achtung entgegengebracht würde, die er verdiente. Dort würde er aussteigen.

Das Gesicht eines Mannes beugte sich über den Maler und sah ihn mitleidig an. Es war wohl schon gegen Mittag, das Licht hell, der Zug leer und der Waggon stand still. Der Mann reichte ihm nach kurzem Zögern einen Pappbecher mit Wasser, im festen Glauben, der Zusammengekauerte hätte hier nur seinen Rausch ausgeschlafen. Gierig nahm der Maler das Wasser und dankte dem Mann. Vielleicht war der ein Streckenarbeiter, vielleicht ein Werkzeugmacher, der die Mechanik der Waggons überprüfte, vielleicht verstand er Deutsch, vielleicht auch nicht. Der Mann half dem Maler sehr behutsam, sich richtig aufzusetzen und breitete dann auf dem freien Sitz zwischen ihnen eine Stoffserviette aus. Das Brot legte er in die Mitte, daneben stellte er rechts und links einen Blechnapf. In jede der Schüsseln goss er aus seiner Thermosflasche eine dickflüssige rote Brühe, die dampfte. Nun zog er aus der Brusttasche seines Overalls einen Löffel und reichte ihn dem Maler. Er hatte nur den einen. Selbst setzte er sein Gefäß an die Lippen und schlürfte die Brühe langsam in sich hinein. Der Maler tauchte den Löffel in seinen Napf und wusste, als er ihn zum Mund hob, dass er die beste Pomidorowa seines Lebens aß.

Während beide noch an ihrem Brot kauten, befreite der Maler sein Bild von der Verpackung und zeigte dem Mann stolz seine Arbeit. Der ließ seinen Blechnapf sinken, den er eben mit einem Brotstück auswischen wollte und lächelte: „piękny!“

Warum ich die Heimat verließ

1.

Sie wollen wissen, warum ich die Heimat verließ und jetzt in mein Land zurückkehre und alles aufgebe, was ich mir hier aufgebaut habe? Wollen Sie das wirklich? Weder für Sie noch für mich wird das angenehm. Auch wenn ich mir einiges von der Seele reden kann … werden wir erst am Ende wissen, ob es uns gutgetan hat, dieses dunkelste Kapitel in meinem Leben durchzukauen. Denn eigentlich habe ich diese ganze Plackerei, die Sie hier sehen, nur auf mich genommen, um auf die helle Seite des Lebens zu kommen. Aber so einfach ist das nicht, über die Grenze zu gehen und zu denken, jetzt hast du das Leben in Polen hinter dir. Und ganz so hell ist das Leben in Deutschland auch nicht, wie ich es mir vorgestellt hatte …

Und da Sie schon vor mir stehen und mich liebenswürdiger Weise nach meinem Leben fragen, sage ich Ihnen, auch Sie haben Ihre Mutter abgeschoben. Nicht in ein Heim, nein, da haben Sie ein gutes Gewissen, nur in die häusliche Pflege – und all die ekligen Handreichungen, die machen nicht Sie! Ihrer Mutter die Windeln wechseln, die Wunden versorgen und die Zehennägel schneiden – das haben Sie doch nicht nötig.

Als Ausländerin holt einen manches wieder ein, man macht sich so seine Gedanken, während man den Popo einer fast Hundertjährigen putzt… Hat man nicht selbst Alte genug in der Heimat, um die man sich kümmern müsste?

Und dann kommt vieles anders, als man es erwartet hätte, vieles verändert sich, verschlechtert sich. Denken Sie an die gegenwärtige Regierung, sie gleicht sich immer mehr unserer an. Man kann nichts dagegen machen. Dabei wollte ich gerade das Ohnmachtsgefühl loswerden, das mich als Kind niedergedrückt und mir als junge Erwachsene Polen unerträglich gemacht hat.

Sie kennen solche Härten nicht, die Heimat verlassen zu müssen, weil man aus dem Dreck raus kommen will, obwohl man sein Land liebt. Ewig läuft man mit diesem Heimweh herum, schaut sich jedes verfallene Häuschen mit Garten an, weil man sich vorstellen kann, darin zu wohnen. Nur wegen des schiefen Giebels, der abblätternden Farbe an den Fensterrahmen und den wuchernden Ringelblumen im Vorgarten. Dabei ist man auch für fließendes Wasser, die Zentralheizung und den SUV nach Deutschland gekommen.

Wenn man es dann geschafft hat, ich meine beruflich – denn privat hängt der ganze Schlamassel auch in Deutschland an mir: die alte Mutter, die Kinder und der Enkel –, dann erwischt man sich dabei, wie sehr man das geliebt hat, was nicht glänzte. Natürlich, für viele Annehmlichkeiten bin ich dankbar: das Wohngeld, die niedrigen Beiträge für die Krankenkasse und so manche staatliche Unterstützung. Und doch sehne ich mich ins Elend zurück. Sehne mich nach der harten Arbeit im Garten, der nicht nur die Familie ernähren musste. Man trug die schönsten Früchte zum Markt und bekam für sie Geld. Als Kind hat es mich richtig zornig gemacht, immer das Beste weggeben zu müssen. Denn was ist für ein Kind Geld? Doch nichts, weil man es nicht essen, sich nicht an ihm wärmen kann. Und die aus der Stadt, die alles kaufen konnten, glotzten auf jeden Schorf an einer Gurke und sortierten jede aufgeplatzte Tomate aus, dabei schmeckten die am süßesten.

Aber ich hatte da schon bald meine Tricks, als ich dann kräftig genug war, um die Gartenarbeit allein zu übernehmen. Ich konnte beobachten und abwarten. Das können die meisten Menschen nicht, wissen Sie. Wenn die erste Tomate wirklich reif war, sah ich sie als erste, war sozusagen mit ihr zusammen reif geworden für den Genuss. Ich roch an ihr, während sie noch am Strauch hing, leckte ein wenig von dem goldenen Puder, von dem sie bestäubt war, und erst dann aß ich sie. Ich hatte also drei Genüsse: die des Auges, die der Nase und die des Gaumens. Die Städter kannten nur einen: sich alles leisten zu können. Welchen Mist man aber um den Fuß der Ranken in den Boden einarbeiten muss, damit ihre roten Früchte eben *das* Aroma bekommen, davon wussten sie nichts.

Ebenso zog ich meine Freude aus den letzten Früchten, die man wegen ihrer Unansehnlichkeit nicht verkaufen konnte. Nichts geht über die Aromen später Früchte; ich schwöre drauf. Mögen sie runzelig geworden sein, Altersflecke haben, hier eine Kerbe, da einen Schmiss, unter ihrer Haut aber sind sie der Vollkommenheit entgegen gereift. Wie manche uralte Polinnen, die mir die Zukunft weissagten: „Du Kind wirst immer Dein Land lieben, wo Du auch bist."

Bei den Tieren, die meine Mutter hielt, war es ganz ähnlich: Leid und Freude lagen eng beieinander. Auch da gingen die besten Stücke zum Markt, für uns blieben nur die Sehnen, Knochen und Innereien. Und der Schlachttag – ich darf gar nicht dran denken – das fürchterliche Schreien der Tiere, es war entsetzlich. Deshalb aßen wir, meine fünf Geschwister und ich, nicht gerne Fleisch. Wir Kinder kamen ganz gut damit zurecht, dass es verkauft wurde.

Die Wohlhabenden hatten ihren schönen Sonntagsbraten, ich aber hatte die Gans zur Freundin, bis sie geschlachtet wurde. Sie hörte auf den Namen Sophia und begleitete mich jeden Tag zum Garten, wartete dann vor dem Gatter, bis ich meine Arbeit getan hatte. Sie war klug, meine Sophia, und stolz. Wenn ich vom Hof ging, begleitete sie mich bis zur ersten Wegbiegung, stand dann einen Augenblick ganz aufgeregt, sie zitterte, bis sie den Hals zurückbog und heimwärts watschelte.

Ein Gänsebraten ist schnell gegessen, aber die Erinnerung an eine Gans, die einen über fünf Jahre begleitet hat, das ist was. Und das ist es, was mir hier in Deutschland fehlt: eine Gans. Auch wenn sie am Ende geschlachtet werden muss.

Wissen Sie, manche Angehörige, die in meine Praxis kommen, um Ihr Elend auf mich abzuschieben, sehen gerade noch so meinen Kummer und geben mir den wohlmeinenden Rat, ich solle mir einen Hund anschaffen. Aber was soll so ein Hund machen, wenn ich von Patient zu Patient fahre? Auch meine Gans konnte ich nie lang allein lassen… und so ein Hundevieh, das hält Einsamkeit doch erst gar nicht aus.

Andere sagen, ich könnte wenigsten einen Schrebergarten pachten und darin meinen Frieden finden an den Wochenenden. Als wäre ein Schrebergarten ein Wundpflaster gegen Heimweh. Das ist doch lächerlich! Ich brauche ein Stück Erde, das mir gehört, in dem ich graben und das ich bepflanzen kann, wie mir der Sinn steht. Kennen Sie die Regeln, die in diesen deutschen Gartenanlagen gelten? Nicht einmal eine Birke darf man pflanzen, kein Huhn sein Würmchen picken.

2.

Sie haben recht, ich wollte erzählen, warum ich meine Heimat verlassen habe, abgesehen von der Tomate, der Gurke und der Gans. Heimat war mir in den ersten sieben Jahren nur die Familie und der Hof. Meine Mutter bekam ich kaum zu Gesicht, sie arbeitete unentwegt. Mein Vater, über den möchte ich lieber nichts sagen. Als er starb, fand man in allen Vorratsdosen Schmuck, wertvollen Schmuck, und das in einer armseligen Mietwohnung. Also, woher der kam, ich will es gar nicht wissen. Von meinen Brüdern war einer ein Strolch und der andre ein Verbrecher, meine drei Schwestern hatten nicht viel zu sagen, liefen geduckt über den Hof. Und ich, wie bereits erwähnt, habe mich lieber nicht eingemischt, sondern beobachtet, was die Familie so machte, als sie noch vollständig war. Mein Vater ging als erster, danach die Brüder und schließlich ich als Jüngste.

Ich wollte raus aus dem Dreck, deshalb machte ich Schularbeiten im Gegensatz zu meinen Geschwistern. Wenn ich über den Heften saß, schrie meine Mutter mich an, es gäbe wichtigere Arbeit, als faul am Tisch zu sitzen, und meine Brüder schlugen mir über den Kopf, so oft sie die Stube betraten. Zum Glück war da schon mein Vater auf und davon…

Ich wurde in ein Internat aufgenommen wegen guter Leistungen. Das hat mir das Leben gerettet. Das sage ich nicht so dahin, das meine ich ernst. Es gab da einen Bruder meiner Mutter, der hatte ein Auge auf mich geworfen. Meine Mutter tat so, als merkte sie nichts; ich hingegen wusste sofort Bescheid. Ich suchte immer das Weite, wenn er kam, aber auch das konnte gefährlich werden. Und ich wurde älter und ansehnlicher für die Gier des Mannes. Also wirklich: das Internat hat mich gerettet.

Bei der Ausbildung zur Krankenschwester musste ich mich sehr anstrengen, doch ich hab's geschafft. Weil ich immer das Ziel vor Augen hatte – das hilft. Außerdem hatte ich zu Hause einiges am Schlachttag gelernt: Tiere zu zerlegen, die ich geliebt habe. Es musste einfach sein, wir brauchten das Geld. So konnte ich im Gegensatz zu anderen meine Gefühle kontrollieren, wenn ich in der Abteilung für die Notfälle eingeteilt war. Manchen Mädchen wurde schlecht beim Anblick Schwerverletzter; sie mussten sich übergeben, wenn es ganz schlimm war, kamen sie nicht wieder. Bei mir gab es nach solchen Tagen, an denen ich einen Luftröhrenschnitt machen oder ein halb verbranntes Kind auf die Liege heben musste, am Abend nur diese innere Leere, die mir zu schaffen machte. Ich fing wieder an, wie in der Kindheit, meinen Träumen nachzuhängen. Allerdings träumte ich jetzt nicht mehr von Gänsen, die eines natürlichen Todes sterben dürfen, sondern ich stellte mir vor, ich hätte einen kleinen zärtlichen Sohn, der mir nie von der Seite weichen würde. Der einfach ein freundliches Menschenkind wäre und den ich wie eine Indianerin auf dem Rücken tragen würde während der kalten Stunden im OP-Saal, in denen ich ununterbrochen fror. Mit Hilfe dieser Vorstellung gelang es mir, mich selbst zu hypnotisieren und in zwei Welten gleichzeitig zu leben, ohne dass ich bei meiner Arbeit Fehler gemacht hätte.

Ich war gerne Krankenschwester, auch wenn die Bezahlung miserabel war. Aber sie Sehnsucht nach einem Kind wurde von Monat zu Monat größer. Brachte eine meiner Kolleginnen ihr Kleines mit auf die Station, schnürte es mir den Hals zu. Sie denken jetzt, ich hätte die junge Mutter bewundert, nein, das Gegenteil war der Fall, ich glaubte, die Kuh mache mit ihrem Baby alles falsch. Und ich hatte nur einen Gedanken: es zu stehlen, nach Hause zu bringen und als meines auszugeben. Ich war wie vergiftet!

So kam es zu dem größten Fehler meines Lebens. Sicher können Sie sich schon denken, welches mein größter Fehler war. Na, meine Kolleginnen haben mit den jungen Ärzten geturtelt. Arzt und Krankenschwester – das geht immer. Ich jedoch hatte für diese Schnösel nichts übrig, ich war so dumm, mich in einen Mann zu verlieben, der ein Kumpel meiner Brüder war. Weiß Gott konnte ich damals nicht wissen, dass er sich eines Tages als Schuft entpuppen würde – ebenso wie meine Brüder. Da war der jüngere schon tot, bei einem undurchsichtigen Geschäft ums Leben gekommen. Ich kannte eben nur diese Sorte von Männern. Dass es andere geben würde, sanftmütige, das habe ich erst in Deutschland erfahren. Doch Glück haben die mir auch nicht gebracht!

Im ersten Jahr nach der Hochzeit habe ich in ihm nur den Vater meines lieblichen Söhnchens gesehen, den Mann, der mir meinen Traum erfüllt hat. Der kleine Antoni ließ mich alle Härten des Alltags vergessen: er hing an mir, ich an ihm. Sogar an die Gefühllosigkeit meines Mannes hatte ich mich fast gewöhnt, wenn er nur gut zu Antoni war. Und das war er bis zum zweiten Geburtstag des Bübchens. Von einem auf den anderen Tag hat er das Interesse an seinem Kind verloren, es ging ihm nur noch auf die Nerven.

Mein Mann hatte eine Freundin, die war frei und ungebunden. Ich hatte Ansprüche, natürlich, ich wollte zur

Stationsschwester aufsteigen und Antoni musste während meiner Nachtdienste im Krankenhaus verwahrt werden. Dazu war mein Mann nicht bereit, er ging nachts zu seiner Freundin, darüber sprach er ganz offen. Meine Karriere interessierte ihn nicht: „So viel Aufwand für eine so miese Bezahlung". Mit seinen unsauberen Geschäften machte er natürlich mehr Geld als ich, nur dass es nie den Weg bis in unsere Haushaltskasse fand.

Antoni landete bei meiner Mutter. Sie war älter und gnädiger geworden. Das Kind liebte sie, aber ich machte ihr nichts recht. Sogar wenn ich Geld in die Lade ihres Schrankes legte, ignorierte sie mich. Sie gab es nicht aus, sondern versteckte es in ihrem Schlafzimmer, als hätte ich es ihr nie gegeben. Manchmal beschuldigte sie mich sogar, ich würde sie bestehlen. Ich hatte falsch geheiratet, nicht auf ihren Rat gehört und damit „basta".

Als ich dann die Chance bekam, in Deutschland zu arbeiten, griff ich zu. Es war noch ein Jahr bis dahin und ich bereitete alles gründlich vor, um Antoni mitnehmen zu können. Kurz vor der Abreise sagte mir die Polin ab, die sich in Deutschland um mein Söhnchen hatte kümmern wollen. Dabei hatte ich ihr schon Geld überwiesen. So landete Antoni wieder bei meiner Mutter, und wir sahen uns von einem Tag zum anderen nicht mehr.

Wenn ich in den Ferien nach Hause kam, griff mein Kind nach meinem Pullover, schraubte seine kleinen Finger in die Maschen des Gewebes und hätte ihn eher zerrissen, als mich losgelassen. Es verfolgte mich bis zum Plumpsklo, bis zum Wassertrog: einfach überall hin. Nachts wickelte es eine Haarsträhne von mir um seinen gekrümmten Zeigefinger wie einen Angelhaken und erwachte, sobald ich das Bett verlassen wollte. Wenn ich fort musste, war ich gezwungen, ihm ein Schlafmittel zu geben.

So ging das drei verfluchte Jahre lang und das Drama wiederholte und wiederholte sich. Bis ich es geschafft hatte und Antoni endlich zu mir holen konnte in meine kleine Wohnung in Deutschland. Da war er Sechs und ein seltsames Kind geworden. Er war still, stellte keine Ansprüche, zeigte keine Freude, nur manchmal regte sich in ihm eine Wut, die ich von seinem Vater kannte. Dann zerstörte er Dinge, von denen ich glaubte, er würde sie lieben.

Zwar hatte ich, wie man so sagt, geregelte Arbeitszeiten, aber was hilft das einem Kind? Es glaubt ja trotzdem bei jeder Trennung am Morgen, die Mama werde nicht wiederkommen. Und dann stellt es sich tot, will lieber gar nichts mehr empfinden: weder Leid noch Glück.

Als meine Mutter im Alter – so alt war sie noch gar nicht, nur schrecklich verbraucht – den Hof nicht mehr halten konnte, ermöglichte ich ihr, nach Deutschland zu kommen. Ich organisierte alles für sie, ich bezahlte alles. Nebenbei hoffte ich, das würde Antoni gut tun, seine Babunia wiederzusehen. Ich wurde eines besseren belehrt: Als die beiden sich bei ihrer Ankunft auf dem Bahnhof gegenüberstanden, schaute meine Mutter Antoni prüfend an, sofort wandte er seinen Blick ab und starrte verlegen zu Boden. Sie wechselten kein Wort.

Antoni war ihr fremd geworden, hatte sich nicht nach ihren Vorstellungen entwickelt. Ihr schwebte wohl noch immer das rosige Kleinkind vor, ihr ‚słodkie Bobo', das auf ihrem Hof, wenn es mich vergessen hatte, glücklich war. Die Zuneigung, die meine Mutter von ihm erwartet hatte und die für sie mehr Wert war als meine, konnte Antoni nicht aufbringen.

In all den Jahren – ich nenne sie ‚meine Aufbaujahre' – gehörte meine ungeteilte Liebe meinem Sohn, meine ganze Energie richtete sich auf meine Arbeit, dazwischen gab es die ewigen Auseinandersetzungen mit meiner Mutter. Sie war sehr bald mit dem Leben hier unzufrieden und warf mir vor, ich hätte sie nach Deutschland gelockt, um ihr Geld zu verzehren, das sie aus dem Verkauf des Hofes gewonnen hatte. Sie fing an, von ihrem früheren Leben in Polen zu schwärmen, und ich tat das Dümmste, was ich nur tun konnte: Trotzig verteidigte ich Deutschland.

3.

Heute habe ich ein eigenes Büro mit Praxis, zwei Mitarbeiterinnen und so viel Zulauf von Angehörigen, die ihre Alten – wie sagt man hier – entsorgen wollen, dass wir die Arbeit kaum bewältigen können. Für Sie sieht das alles sehr gut aus, Sie denken, die Polin hat's nicht leicht gehabt, doch sie ist zäh, hat sich durchgebissen und Karriere gemacht. Aber ich fühle mich alt mit meinen gerade fünfzig Jahren, habe keine Kraft mehr und wenn der Abend kommt und ich alleine in meiner Wohnung sitze – der sanftmütige Deutsche hat mich verlassen –, denke ich nur an die Heimat. Werde krank vor Sehnsucht.

Mein Sohn ist erwachsen, nein, das ist eine Lüge. Er ist dreißig Jahre nach dem Kalender. In Wirklichkeit ist er das Kind, das an einer Haarlocke seiner Mutter hängt. Er ist ein guter

Mensch, aber das kann nur ich als Mutter sehen. Andere sehen ihn von außen: einen pummeligen unentschlossenen Mann, der keiner Arbeit nachgeht, der sich nicht ausreichend um seinen kleinen Sohn kümmert, der für nichts und niemanden wirkliches Interesse aufbringt, der von einer Minute zur anderen in Wut gerät, der aus den Schulden nicht herauskommt und sich am liebsten mit Halunken abgibt. Das Sündenregister lässt sich leicht verlängern.

Oft hängt es mir zum Halse heraus, ihm wieder und wieder unter die Arme greifen zu müssen. Aber Sie haben ja selbst Kinder und wissen, dass Mutterliebe animalische Züge annehmen kann; sie will nichts anderes als ein glückliches Leben für das Kind, das sie geboren hat. Jedenfalls tue ich dafür alles: lasse mich beschimpfen, mit Vorwürfen überschütten und erpressen.

Eigentlich geht es ständig um Geld. Wo es blieb, konnte ich mir lange nicht erklären. Denn sehen kann man ja nichts davon, jeder Gegenstand in seiner Wohnung ist von mir finanziert. Man sagt ja so hin: „Der kann eben nicht mit Geld umgehen". Was für ein Quatsch! Antoni weiß ganz genau, wenn er eine gewisse Summe für sich abzweigt, bleibt ihm zu wenig, um das Nötigste für seinen Sohn zu kaufen. Also füttere ich zwei durch.

Sie sind erstaunt, hätten nicht gedacht, dass ich schon Oma bin? Na, auf jeden Fall haste ich jeden Abend nach meinem letzten Hausbesuch in meine Wohnung, um meinem Enkel ein anständiges Essen zu kochen. Gleichgültig wie müde ich bin, wie ausgebrannt. Für den nächsten Schultag gebe ich ihm dann noch ein Butterbrot mit, da mein Sohn häufig verschläft. Und ob er Brot im Schrank hat, danach darf ich gar nicht fragen. Neulich habe ich sogar herausgefunden, dass Antoni seinem Sohn einschärft, der Oma über diese Dinge nicht die Wahrheit zu sagen. Wenn ich also eine Reise plane, muss ich davon ausgehen, dass mein Enkel hungert.

Ich habe schon einmal daran gedacht, das Jugendamt um Hilfe zu bitten. So eine Einrichtung hat es ja in Polen nicht gegeben, die hätten einen ausgelacht, wenn man mit Familienproblemen aufs Amt gegangen wäre. Aber auch hier im goldenen Deutschland verspricht der Name ‚Jugendamt' mehr, als er halten kann. Liefert man sich denen aus, gibt es nur weitere Scherereien. Am Ende hilft einem niemand und die Sozialarbeiter listen einem noch mit bösem Grinsen die Erziehungsfehler auf, die man angeblich begangen hat.

Nicht, dass Sie denken, ich hätte irgend etwas unversucht gelassen: Ich habe mich an Beratungsstellen gewandt, an Psychologen und Ärzte. Alle haben sich Antonis Geschichte ruhig angehört und früher oder später wissend genickt, mir Einhalt geboten und mich gefragt, mit welcher Substanz er sich betäube. Als ich sie verblüfft und dann erschrocken anstarrte, redeten sie auf die eine oder andere Weise von dem Suchtproblem, das mein Sohn wohl hätte. Aber diese Experten kennen Antoni nicht: die Empfindlichkeit seiner Haut, seines ganzen Wesens, die weichen Kinderhände, seine Bedürftigkeit nach Liebe und Anerkennung. Wie können diese Leute ein Urteil über ihn fällen?!

Ja, es stimmt schon, mit Geld bin ich immer knapp, es fließt in irgend welche Kanäle, die ich nicht kenne. Zwar wird die Miete für die Wohnung meines Sohnes vom Amt übernommen, doch für den Unterhalt bis zu den Socken komme ich auf. Dazu bezahle ich das Zimmer im Pflegeheim meiner Mutter, in dem sie mir bei jedem Besuch sagt, sie wolle endlich zurück in die Heimat. Das wird sie mir noch sagen, wenn sie dement ist.

Ich selbst hause immer noch in der kleinen Genossenschaftswohnung, in der ich damals gestrandet bin. Da, wo der Wasserhahn tropft und die Fugen im Bad mit Schimmel überzogen sind, weil die Lüftung nicht funktioniert. Und träume Abend für Abend vor dem Bildschirm von einem eigenen Haus mit Garten.

Und jeden morgen geht die Plackerei wieder von neuem los. Sobald ich nach den Hausbesuchen in meinem Büro sitze und die ersten fünf Pflegeanträge durchgearbeitet habe, wird mir schwindelig und ich bekomme stechende Kopfschmerzen. Spätestens dann weiß ich, ich sitze in der Falle. In diesen Momenten ruft oft mein Enkel an, klagt über Langeweile und verrät mir, dass Papa bei seinen Kumpels ist. Außerdem verstünde er die Hausaufgaben nicht, er könne sie wirklich nicht machen so ganz allein. Nun gut, also müssen wir vor dem Abendessen noch die Schularbeiten machen, nachher sind er und ich zu müde. Manchmal schreibe ich ihm einfach für den nächsten Tag eine Entschuldigung und nehme ihn mit in meine Praxis. Wie still und traurig er dort seine Stunden absitzt... er sieht dann aus wie mein Sohn, als ich ihn vor Jahren zu mir nach Deutschland geholt hatte.

Ich habe mir angewöhnt, meinen Sohn stetig mit Geld zu versorgen, damit seine Stimmung nicht kippt. Wer weiß, was da noch aus ihm herausbricht, wenn er in Stress gerät: der Charakter seines Vaters? Die Illusion, dass es dadurch auch meinem Enkel besser gehen würde, habe ich allerdings aufgeben müssen. Zu sehen, wie mein Enkel keinen Boden unter den

Füßen gewinnt, den mein Sohn schon längst verloren hat, ist bitter. Wenn ich allein bin, komme ich mir ohnmächtig und schuldig vor.

4.

In den letzten Jahren nahmen meine Tagträume einen großen Platz in meinem Leben ein, sie waren sozusagen das einzige, was ich mir ‚leisten' konnte. Während ich die Praxis als letzte verließ, freute ich mich schon auf die späten Abendstunden, in denen ich mich meinen Phantasien hingeben konnte. War mein Enkel versorgt, hatte sein Butterbrot für den nächsten Tag in der Hand und die Tür hinter sich geschlossen, machte ich es mir gemütlich. Umringt von einer Schale mit Nüssen, einer Packung Pralinen und einem Glas Sherry, begab ich mich in die Welt meiner Träume: in die ‚Immobilienwelt' im Internet.

Ich rief noch einmal die Häuser auf, die ich mir am Vorabend angeschaut hatte, kleine Häuser auf dem Land, die für das deutsche Auge ohne Reiz sind, mir aber eine Welt der Möglichkeiten eröffneten. Sie konnten renovierungsbedürftig sein, eine neue Außendämmung benötigen oder sonst was. Jede Arbeit traute ich mir zu, außerdem habe ich Landsleute an der Hand, die nichts anderes tun, als heruntergekommene Häuser zu flicken.

Denken Sie jetzt aber nicht, ich sei anspruchslos. Charme musste so ein Anwesen schon haben, ein tief herunter gezogenes Dach, Fensterläden und -rahmen aus Holz, einen gemauerten Kamin und einen großen Garten, in dem ich ungestört hätte mein Gemüse anpflanzen können. Bezahlbar musste es sein und von meinem Arbeitsplatz in einer Stunde zu erreichen, denn natürlich würde ich gezwungen sein, weiter zu arbeiten, um die ganze Rodzina durchzubringen.

Es kam immer häufiger vor, dass ich während der Haussuche die Zeit vergaß, berauscht, als sei ich schon Besitzerin des Favoriten, den ich an diesem Abend ausgesucht hatte. Erst in den Morgenstunden wurde mir klar, dass ich die Nacht ohne Schlaf verbringen würde. In den drei Stunden, die mir noch blieben, war ich aufgewühlt und erschöpft zugleich und malte mir wie besessen die Inneneinrichtung meines neuen Heims aus. Nach solchen Exzessen schleppte ich mich wie eine Kranke durch den Arbeitstag und nahm mir vor, nach der Arbeit gleich ins Bett zu gehen.

Wenn es dann soweit war, überfiel mich eine Unruhe bei dem Gedanken, ob mein Favorit noch zu haben war. Ich schaltete mein Gerät an und sah, dass ein roter Banner über dem Foto des Hauses klebte mit der unmissverständlichen Aufschrift „RESERVIERT“. Also machte ich mich auf die Suche nach einem neuen Favoriten. Das ging so bis zum Wochenende, bis ich nicht mehr konnte, verflucht noch mal, nur noch schlafen.

Neben meiner Arbeit, meiner Sorge um die Familie und meinen Träumen kam ich – zu was? zu gar nichts. Ich war noch nicht einmal bei einer Bank, um die Höhe des Kredits zu erfahren, der mir gewährt würde. Auch die Gespräche mit Maklern wurden seltener. Es kam mir so vor, als wären alle Häuser, die mir gefielen und die ich bezahlen konnte, in dem Moment reserviert worden, sobald ich den Makler am Telefon hatte. Ist es vielleicht hier so, dass mein Geld weniger wert ist als das von Deutschen? Sie lachen, ich bin Ausländerin in einem Pflegeberuf: für, wie sagt man, Kreditinstitutionen bin ich doch ein Niemand!

Irgendwann habe ich aufgehört, nach Häusern in meiner Region zu suchen. Eigentlich habe ich ganz aufgehört mit dem Träumen. So was kann nämlich leicht zur Sucht werden. Ich bin da gerade noch so rausgekommen aus dem Schlamassel. Aber erst, nachdem ich einen richtigen Zusammenbruch hatte. Als ‚nichts mehr' ging, wie man so sagt, und ich mich nicht einmal mehr um meinen Enkel kümmern konnte. Zwei Monate lang habe ich mich bei abgedunkelten Fenstern ins Bett gelegt und entweder tief geschlafen oder mich gemartert, was ich wohl tun müsste, um aus der Falle herauszukommen.

Nach einem schrecklichen Traum habe ich zum Telefon gegriffen und meine Mutter angerufen. Ich habe sie gerade heraus gefragt, für wie viel Złoty sie unser Haus verkauft hat. Sie war so verblüfft über meinen ersten Anruf nach acht Wochen – ich weiß nicht, was man ihr im Heim über meinen Zusammenbruch gesagt hat –, dass sie mit der Wahrheit herausrückt ist und mir verlegen die lächerlich geringe Summe genannt hat. Nach dem Gespräch war mir sofort klar, was ich zu tun hatte: Ich habe unsere alte polnische Nummer gewählt – plötzlich fühlte ich mich bärenstark – und mit meinem geschiedenen Mann gesprochen, ich hatte noch etwas gut bei ihm. Mein Ex hat dann dem neuen Eigentümer unseres Hofes ein Angebot gemacht, das der nicht ablehnen konnte.

Ja, so einfach ist das! Den geliebt-verhassten Exmann anrufen und ihn an seine Schuld erinnern. Jetzt müssen Sie sich einen neuen Pflegedienst suchen und ich werde am Samstag meine

Mutter, meinen Sohn und meinen Enkel eigenhändig einpacken, und hol uns der Teufel, dann geht‘s zurück in die Heimat!

Welche Farbe haben wir heute

1.

Also: Mein Mann ist schwarz, ich bin weiß und unsere Kinder sind – na ja –, je nach Witterung. Wir sind eine Familie mit den Problemen einer Familie und denen, die Menschen mit bestimmten Hautfarben haben. Jeder Mensch hat Probleme, er muss mit ihnen fertig werden, was bleibt ihm anderes übrig. Ich jedenfalls habe unseren nicht viel Aufmerksamkeit entgegengebracht, auch wenn es uns manchmal hart traf. Nie habe ich geglaubt, dass wir etwas Besonderes seien: weder eine Familie zum Vorzeigen in einer dieser neuen multikulturellen Großstadtviertel, noch eine, die von anderen so diskriminiert wird, dass sie es nicht mehr wagt, sich auf der Straße zu zeigen.

Mein Glaube daran, dass unsere Probleme, ‚unsere' sind, mit denen wir nach unserem Ermessen umgehen müssen, wurde selten erschüttert. Auch nicht, als eines Tages eine Journalistin zu mir nach Hause kam, die vorgab, sich für mein Werk zu interessieren. Denn ich bin, müssen Sie wissen, nicht nur weiß, sondern auch Malerin. Und wenn es nach mir ginge, würde obenan auf meiner Liste stehen: schüchtern. Ich bin viel mehr schüchtern als weiß.

Die Journalistin, jung und lässig gekleidet, gehört den neuen Menschen an, die keinerlei Vorurteile mehr kennen und ‚Schubladendenken' verabscheuen, wie sie mir gleich in der Tür erklärte. Und so betrachtete sie meine Bilder: kritisch, mit unvoreingenommenem Blick.

Nach langem Schweigen wandte sie sich von meinen Gemälden ab, trat einen Schritt auf mich zu und fragte, ob auch ich der Bewegung *Die Neuen Menschen* angehöre. Sie schien wie selbstverständlich davon auszugehen, denn sie wartete nicht auf eine Antwort, sondern erklärte mir, dass gerade ich als weiße Künstlerin, mit allen Privilegien gesegnet, eine gewisse Verantwortung trage gegenüber Nicht-Privilegierten. Viel würde ‚frau' nicht von mir verlangen, wenigstens aber müsste ich die Diskriminierung von Frauen und People of Color zu meinem Thema machen, denn andere Themen, ja die seien doch nur zweitrangig.

Sie selbst gehöre der international organisierten Bewegung schon lange an. Die sich, wie sie nebenbei bemerkte, eigentlich hatten *Die Neue Menschin* nennen wollen. Das habe sich aber in manchen Teilen der Welt nicht durchsetzen lassen. Während sie den letzten Satz von sich gab, zuckte sie ratlos mit den Achseln. So als habe sie vielleicht doch gewisse Vorurteile gegen „manche Teile der Welt". Wer kennt sich da schon aus?

Ohne abzuwarten, ob mich ihre privaten Neigungen interessierten, setzte sie mir die Ziele auseinander, die *Die Neuen Menschen* verfolgen. Hauptziel ist, dass alle Menschen auf der Welt, die die Kriterien erfüllen, nicht nur respektiert, sondern in ihrer Eigenart geschätzt werden. Anhänger ihrer Organisation schauten nicht auf Armut oder Reichtum – der Sozialismus sei in ihren Augen gescheitert –, auch nicht darauf, wie lange Menschen arbeiten müssen, um ihren Lebensabend einigermaßen beschaulich verbringen zu können, das sei kleinbürgerliches Denken. *Die Neuen Menschen* kümmerten sich nur um Hautfarbe und Geschlecht; alles andere führe zu Verwirrung.

Ich war allein zu Hause, wie ich es immer bin, wenn sich jemand ankündigt, einen Atelierbesuch zu machen. Mein Gast, in diesem Fall die Journalistin, sollte sich nur auf die Bilder konzentrieren können, ohne von unserem Familienleben abgelenkt zu werden. Und die Reaktion der jungen Frau, die sich nun wieder meinen Bildern zuwandte, gab mir recht: sie schien schnell ‚aus dem Häuschen' zu geraten und Privates mit Geschäftlichem zu verwechseln.

Neben den Blumenstillleben – ich bereitete gerade eine Frühjahrsausstellung vor – hingen zwei Pastelle, die das Gesicht meines Mannes zeigten, eine weitere Skizze, die ihn am besten wiedergab, stand auf einer der Staffeleien. Die Blumen würdigte die Journalistin keines zweiten Blickes, sie schritt die drei Porträts ab, die Arme in die schmalen Hüften gestemmt, murmelnd und mit den Absätzen ihrer Schuhe auf das Parkett knallend.

Ich erkannte sofort, dass ihr etwas nicht gefielt. Nun ist das nichts Neues; Atelierbesucher sind seltsame Geschöpfe, die sich aus unterschiedlichsten Gründen mit unterschiedlichen Objekten abgeben. Was in dem Kopf der jungen Frau vorging, konnte ich nicht ergründen, und sie verließ mich, ohne mich eines weiteren Gespräches würdig zu erachten, mit kurzem Gruß.

Zwei Wochen später kam mein Mann in die Küche, er schien verlegen, und als er mir die Stadtzeitung auf meinen Frühstücksplatz legte, errötete er, wenn das bei ihm möglich ist. „Atelierbesuch", las ich, „Süßlich sentimentale Blütenpracht neben klischierten Porträts von Schwarzen". Der Untertitel lautete: „Malerin bestätigt Vorurteile gegen People of Color, ihre Porträts sind stereotyp, die Hautfarbe der Männerköpfe immer zwei Farbtöne zu dunkel. Malerin verwechselt Schwarz mit schwarz."

2.

Früher hat mich weder die Hautfarbe eines Menschen noch sein Geschlecht interessiert. Ich hatte keine besonderen Vorlieben oder Abneigungen. Ich fand jemanden sympathisch oder unsympathisch, und damit basta!

Als ich meinen Mann kennenlernte, veränderte sich das. Ich habe mich in seine Hautfarbe und sein Geschlecht verliebt. Ich glaubte, beides gehöre unabänderlich zu ihm: seine Männlichkeit und die Farbe seiner Haut.

Nun, mein Mann ist schwarz, nicht Kaffee- oder Schokoladenbraun, nicht Kupfer- oder Kastanienbraun – um nur einige Brauntöne zu nennen, die wir Weißen so lieben –, sondern er ist schwarz wie Asphalt. Und ich habe den Eindruck, er wird schwärzer, je länger er an meiner Seite lebt. Vielleicht verstärkt mein ‚Weißsein' den Kontrast zu seinem ‚Schwarzsein'. Menschen erschrecken vor ihm, auch Mitglieder von *Die Neuen Menschen*, wenn er aus einem Haus kommt oder ein Geschäft betritt. Für den Bruchteil einer Sekunde erstarren sie bei seinem Anblick… Daran hat sich auch in bald zwanzig Jahren nichts geändert, die er in Deutschland lebt.

Auch ich erschreckte, als ich ihn das erste Mal sah. Ein kurzer Schreck, der sich augenblicklich in eine warme Melancholie verwandelte. Wenn mein Mann einen Raum betritt, verbreitet sich eine Art von Ruhe und Frieden, wie Menschen sie kurz vor dem Einschlafen empfinden. Als sei er die Nacht selbst in all ihren Schattierungen. Für mich war das der Grund, ihn zu heiraten, und es ist der Grund ihn, trotz eines komplizierten Lebens an seiner Seite, nicht zu verlassen: Ich liebe die Nacht mehr als den Tag. Vielen Menschen ist das unbegreiflich.

Das Leben an seiner Seite ist nicht leicht, denn gleichgültig, ob wir uns als Paar unter Weißen oder Schwarzen befinden: Zuerst werde ich angestarrt. Die einen starren mich so an, als sei mit mir etwas nicht in Ordnung, als fehle mir die sittliche Reife, die Vorurteilslosigkeit, um mit einem solchen Mann liiert zu sein, mit der sanften Nacht ins Bett gehen zu dürfen, ihre Liebkosungen zu genießen. Bei den anderen verengen sich die Augen zu Schießscharten, aus denen gleich giftige Pfeile abgeschossen werden. Ältere Frauen tun so, als würden sie bei unserem Anblick augenblicklich erblinden.

Mein Mann leidet unter den Blicken, die auf mich geworfen werden, ich unter denen, die auf ihn geworfen werden. Dabei ist er mir gegenüber doch vielleicht im Vorteil, denn es gibt Frauen – gar nicht wenige –, die ihn von Kopf bis Fuß mit Wohlgefallen betrachten. Ich höre förmlich ihre Lust: „Komm du tiefe Nacht, komm in *meine* Arme".

Nachdem wir uns endlich unser gegenseitiges Leiden gestanden hatten, beschlossen wir, nur im Notfall noch gemeinsam auszugehen. Denn es ist sehr unwahrscheinlich, dass mein Mann in den nächsten Jahren ausbleicht oder ich nachdunkle. Man hat uns also in der letzten Zeit kaum noch zusammen gesehen, und die Menschen in unserem Viertel haben fast vergessen, dass wir zusammengehören.

Eines Tages aber war ich schwanger und mein Name ist nicht „Maria". Nach sechs Monaten wurde ich entbunden, und als man mir endlich meine Tochter zeigte, war sie von Kopf bis Fuß pfirsichfarben. Sie musste gleich am nächsten

Tag operiert werden, weil ihr Herz nicht schlagen wollte. Dann lag sie wochenlang schlafend im Brutkasten. Unter dem Glas schimmerte ihre Haut in einem zarten Oliv-Braun. Später war sie oft schwer krank, dann hatte ihre Haut einen blauen Schimmer, der mich und ihre Ärzte ängstigte.

Jetzt ist unsere Tochter erwachsen und nur noch Narben erinnern an ihre früheste Kindheit. Wenn sie sich im Winter eine Zeit lang bei uns in Deutschland aufgehalten hat, ist ihre Haut von einem durchscheinenden Hellbraun wie der Ahornbaum unter seiner Rinde. Je nachdem, wo und wie lange sie im Sommer ihren Urlaub verbracht hat, kommt sie gold- bis rehbraun zurück und wird nicht nur von Frauen um ihre Hautfarbe beneidet.

Unserer Tochter war Vier, da kam unser Sohn zur Welt. Er war bei seiner Geburt mehr rot als braun, so hatte er kämpfen müssen. Eine Woche später, als ich ihn aus dem Krankenhaus mitnehmen durfte, war er graubraun; weder ein rosa Strampler, noch ein hellblauer sahen an ihm niedlich aus. Da wir Ende Oktober die Klinik verließen und der Frost schon einsetzt hatte mit vielen Hagelschlägen, kamen wir den Winter über wenig nach draußen, und er wurde von Woche zu Woche heller. Jetzt ist unser Sohn ein fünfundzwanzigjähriger Mann und fast das ganze Jahr lang blass, denn er verlässt kaum seine Wohnung, die im Souterrain liegt. Wenn er sie sommers doch verlässt, um mit dem Hund seines Freundes durch die Felder zu streifen, nimmt seine Haut die Färbung eines Leberkranken an.

3.

Mein Mann erfährt zur Zeit keine rassistische Diskriminierung im Alltag, vielleicht fürchtet man sich zu sehr vor ihm wegen seiner Hautfarbe und seines Doktortitels, der vor dem Schwarz steht.

Unsere Tochter wurde in ihrer Kindheit oft von anderen Kindern gehänselt, weil sie sehr ungeschickt war. Regelrecht gequält wurde sie von einem türkischen Zwillingspaar, dass, wie sie, als einzige in einer Schulkasse mit lauter Katholiken, nicht getauft war. Die beiden blassbraunen Mädchen zu Rede gestellt, behaupteten, sie hätten unsere Tochter jeden Morgen auf die befahrene Straße geschubst, weil sie ja nur adoptiert sei. Zum Beweis zeigten sie auf mich und kreischten mit sich überschlagender Stimme, ich sei ja weiß wie ein Bettlaken und könnte gar nicht die Mutter des Mädchens sein. Und wenn ich ihnen nicht glauben wollte, würden sie mir mal ihre Mutter vorbeischicken.

Dem Leiter der Dorfschule wurde die Angelegenheit vorgetragen, er winkte ab, er kenne das, es sei ihm viel zu kompliziert, das sei nie aufzuklären. Er wisse nur den einen Rat: Wir sollten unsere Tochter taufen lassen, dann sei der Spuk schnell vorüber.

Daraufhin verließen wir das bayerische Dorf und zogen in eine Großstadt in einem anderen Bundesland. Nach dem ersten Schultag kam unsere Tochter mit der guten Nachricht nach Hause, es gäbe in ihrer Klasse mindestens fünf andere Kinder, die so aussähen wie sie. Sie war fröhlich und gelöst wie lange nicht mehr, so dass wir nicht nachfragten, was das für Kinder seien, wir würden sie schon kennenlernen.

Nach vielfältigen Erfahrungen, guten und schlechten, lebt unsere Tochter jetzt in der Schweiz. In einem Teil des Landes hält man sie für eine Spanierin, im anderen für eine gebildete Südfranzösin aus der Oberschicht, in der Mitte der Schweiz für eine Griechin. War sie längere Zeit auf Lanzarote, wird sie als dunkelhäutige Latina wahrgenommen.

Arbeit hat unsere Tochter ausgerechnet in Zürich aufgenommen, und dort mag man Deutsche nicht besonders. So ist sie jetzt dazu gezwungen, jeden Tag einen beträchtlichen Teil ihrer Energie damit zu verschleudern, zu verbergen, dass sie eine Deutsche ist. In neuester Zeit beginnt sie ihre Sätze, wenn wir uns auf deutschem Boden treffen, mit „wir Schweizer" oder „bei uns in der Schweiz" und „wir in der Schweiz gehen toleranter mit Ausländern um als ihr Deutsche".

Unser Sohn bekam schon mit acht Jahren kleine Zettel von älteren Jungs zugesteckt, auf denen stand, dass man ihn bei nächster Gelegenheit in einen Müllcontainer werfen und den Deckel über ihm schließen werde. Wir wohnten damals in einem gutbürgerlichen Wohnviertel einer mittleren Großstadt. Am Rande des Viertels waren komfortable Hochhäuser gebaut worden, in denen viele Osteuropäer Platz fanden. Unter ihnen, die kein Deutsch sprachen, bildeten sich kleine Jugendgangs, die einiges Unheil anrichteten.

Die aber, die unseren Sohn verfolgten, waren die Kinder fleißiger weißer Kleinbürger, Besitzer von Reihenhäusern, die uns um unser alleinstehendes Haus mit großem Garten beneideten, das wir gemietet hatten. Außerdem misstrauten sie meinem Beruf als Künstlerin, weil ich immer zu Hause war, dem meines Mannes als Wissenschaftler, weil sie generell schwarzer

Wissenschaft nicht trauten, und schließlich gefiel ihnen die Verschiedenheit unserer Hautfarben nicht. Wir zogen weiter.

Wir kauften ein Reihenhaus in einem bäuerlich geprägten Wohnviertel mit Neubausiedlungen. Wir wohnten an einem parkähnlichen Spielplatz, die Leute waren zu Anfang sehr nett zu uns. Trotzdem verließ unsere Tochter kaum ihr Zimmer, ging nach der Schule selten nach draußen. Sie sagte: „Ich sondiere erst einmal". Das Sondieren dauerte so lange, bis sie erwachsen war und in eine andere Stadt zog. Jetzt will sie die Schweiz nicht mehr verlassen, aber um Gottes willen keinen Schweizer, keine Schweizerin heiraten.

Unser Sohn hingegen hatte sich in der Bauzeit schon mit vielen Leuten bekannt gemacht und stellte uns nach dem Umzug die Straßen, die Menschen und die Tiere des Viertels vor. Er selbst war, nach kurzer Zeit, bekannt wie ein bunter Hund. Wie hat er diese Zeit genossen! Aber das ist lange her.

Obwohl er noch in dem Viertel wohnt und arbeitet, hat er in letzter Zeit viele Rückschläge erlitten. Erst wurde er von Kunden eines mittelgroßen Familienbetriebs per Mausklick schlecht bewertet. Dann schrieben Kunden Mails an die Geschäftsleitung, dass er, wohl ein Inder, frech zu ihnen geworden sei, als sie etwas hatten umtauschen wollen. Es blieb nicht beim ‚Inder', er wurde als Araber, Türke, Albaner, Armenier, Jugoslawe, Grieche bezeichnet, um nur einige Nationen zu nennen. Niemals aber wird er diskriminiert für das, was er ist. Aber was ist er: ein Mensch mit guten und mit schlechten Eigenschaften.

Immer häufiger und schneller wurde ihm gekündigt, dann fing er selbst zu kündigen an, sobald ein Kunde etwas über ihn gesagt hatte, das nur einen Hauch von Kritik enthielt. Später blieb er einfach weg und bekam auf dem Postweg die fristlosen Kündigungen. Jetzt arbeitet er nur noch in Betrieben, in denen er die Nachtschicht übernehmen kann. An die Sonne geht er allein mit dem Hund seines Freundes. Deshalb ist er fast so weiß wie ich, wenn ich aus Italien komme.

Manchmal überlege ich, ob auch ich diskriminiert worden bin wegen meiner Hautfarbe. Die Mitglieder von *Die Neuen Menschen* schreiben ja in ihren Monatsheften, von denen ich einige besitze – sie wurden mir wie *Der Wachturm* einfach in die Hand gedrückt –, dass Weiße niemals von Weißen diskriminiert werden: *niemals*. Da bin ich mir aber nicht so sicher.

In der Volksschule – natürlich, das ist lange her –, vielleicht gilt das nicht mehr… Da wurde ich vor der ganzen Klasse von unserem Geographielehrer als „Polin" bezeichnet. Immer wieder rief er mich zu sich nach vorn, knuffte mich, bis ich vor der Landkarte stand, die mich ängstigte, und sagte: „Wir wollen doch einmal sehen, ob unsere *kleine Polin* uns heute", bei „heute" johlte die ganze Klasse, denn erst gestern war ich vor der Karte in Tränen ausgebrochen, „die Grenzen von Deutschland zeigen kann". Ich dachte: nur nicht weinen! Und Polen hat doch eine lange Grenze mit Deutschland gemeinsam, oder? Und warum war dieser Mann so gemein zu mir? Oh, ich war so schlecht in Geographie und wusste es wirklich nicht.

Als ich aber einmal meiner Freundin im Unterricht die schweren Zöpfe neu flocht – ich tat das so gerne, denn ich habe die dünnen, schnell fettenden Haare einer Weißen –, unterbrach er den Unterricht, zeigte mit dem Ein-Meter-Fünfzig-Stock, mit dem er sonst über die Landkarte fuhr, auf meine Hände: „Laust du schon wieder deine Freundin, wie ihr das in Polen so macht? Hier in Deutschland hat aber keiner Läuse, auch deine Freundin nicht. Lass sie endlich in Ruhe!"

Damals erzählte man nichts zu Hause, schon gar nicht von Diskriminierung, man kannte nicht einmal den Begriff. Abgesehen davon hatte der Lehrer ja auch nichts über meine Hautfarbe gesagt. Und was er wirklich gegen mich hatte, weiß ich bis heute nicht.

4.

Gefährlich geworden ist es für meine Kinder und mich wegen unserer Hautfarbe nur ein einziges Mal. Es war Sommer und schwül, wie immer im Sommer in unserer Stadt, und die Kinder wollten ins Schwimmbad. Das Schwimmbad bestand aus mehreren Becken unter freiem Himmel und zwei Becken in einer Halle. Das Freibad war überlaufen, ich dachte an die Rangeleien, die in solchen Bädern an der Tagesordnung sind und entschied, trotz des Murrens meiner Kinder, in das wenig besuchte Hallenbad zu gehen.

Meine Kinder waren Nichtschwimmer, also suchten wir das kleine Becken auf mit niedrigem Einstieg und der beheizten Bank davor, auf der man nach dem Bad ausruhen konnte. Das Becken, ich sah es gleich, war in Besitz von zwei Kinder-Clans, der eine war weiß, kalkweiß, der andere hellbraun. Meine Kinder, mein abwesender Mann und ich füllten also Anfang und Ende der Farbskala aus.

Die Clans, zehn- bis dreizehnjährige Jungen und Mädchen, führten kleine Scharmützel gegeneinander, waren sich aber darin einig, alle Regeln eines öffentlichen Bades zu ignorieren. Sie zogen Schleim aus ihren Kehlen und rotzen das grüne Zeug ins Wasser oder vor unsere Füße, wenn wir auf der Bank saßen. Sie sprangen vom Seitenrand dicht an meine Kinder heran, warfen sie mit einem enormen Wasserschwall um und zogen sie kurz mit sich in die Tiefe.

Von ihren Wasserspielen erschöpft, setzten sie sich neben uns auf die warme Bank, wo wir bis jetzt geglaubt hatten, Ruhe vor ihnen zu finden. Es dauerte nicht lange, bis der hellbraune Clan versuchte, uns von der Sitzfläche zu verdrängen. Dabei schwadronierten die Kinder, dass sie jeden Tag ins Bad kämen und nicht einmal Eintritt zahlten. Sie hätten für sechs Wochen eine Freikarte vom Amt, und sähen nicht gern Fremde, wie uns. Dabei kniff ein Mädchen meine Tochter so fest in den Oberschenkel, dass sie unter Wimmern aufsprang und bat: „Lass uns gehen, Mama!" Ich sah daraufhin meinen Sohn an, er schüttelte den Kopf, also blieben wir stoisch sitzen.

Nach einer Weile dachten wir, den Kampf ausgefochten zu haben, und begannen uns zu entspannen. Eigentlich war ja nichts passiert, mit der Rüpelei musste man rechnen in einer kleineren Großstadt, die nur drei öffentliche Bäder betreibt.

Da hörte ich einen Schrei. Es war der Schmerzschrei eines Mädchens, der mich alarmierte. Ich ließ meine Kinder auf der Bank sitzen und ging zum Eingang des Beckens. Dort lag ein weißes Mädchen auf dem Rücken, das von zwei etwas älteren weißen Jungen je an einem Bein gepackt, über die rauen Kacheln gezogen und dann über die hartkantigen Stufen hinunter zum Wasser geschleppt wurde. Ich hörte seine Wirbel knacken.

Einiges hinzunehmen habe ich gelernt. Erst einmal zu beobachten, habe ich gelernt, abzuwarten ..., was Sie wollen. Aber Gewalt gegen Mädchen und Frauen verabscheue ich. Ich brüllte, meine Stimme warf mehrere Echos von den gekachelten Wänden. Die Täter hielten verblüfft inne, bis sie im nächsten Moment loslachten, die Fesseln des Mädchens immer noch umklammernd. Als ich sie in scharfem Ton aufforderte, endlich mit der Quälerei aufzuhören, schüttelten sie das Mädchen an den Beinen, spreizten sie und schauten frech in ihren Schritt wie Sieger. Das Mädchen versuchte dabei anheischig zu lachen, dabei liefen ihr noch Tränen über die Wangen.

Ich wandte mich ab, ging zu meinen Kindern, die umringt waren von Mädchen mit brauner Hautfarbe. Als ich ihren Kreis durchbrochen hatte, sah ich, dass zwei von ihnen meine Tochter schlugen. Meinen sechsjährigen Sohn, dessen Haut unter der Wasserschicht haselnussbraun glänzte, rührten sie nicht an.

Ich packte meine Kinder, bahnte mir einen Weg und verließ das Bad. Der weiße Bademeister, der geschützt in seiner hochgelegenen Kabine saß und die Szene beobachtet hatte, schaute uns lange nach; sicher: wir waren die einzig zahlenden Gäste gewesen.

Panisch drängte ich meine Kinder in den Umkleideraum der Männer, um die Sachen meines Sohnes aus dem Spind zu holen. Er hatte zum ersten Mal durchgesetzt, sich dort allein umzuziehen zu dürfen, und ich hatte seine männliche Ehre nicht kränken wollen. Jetzt war sie mir aber gleichgültig.

Mein Sohn bekam einen Wutanfall, als er sah, dass ich seine Kleider aus dem Spind nahm. Er fing sogar an zu brüllen und wollte nicht aufhören. Ich versuchte ihn zu überzeugen, dass es für uns jetzt besser wäre, wenn wir zusammen blieben. Einen Augenblick lang verstummte der Kleine, um sich dann vor mir aufzubauen und zu schreien: „Du und die Lilly, ihr dürft hier gar nicht rein! Mama, hier dürfen nur Männer rein!"

Plötzlich riss jemand die Tür auf, schaute wissend auf meine ohnmächtigen Versuche, meinen Sohn zu beruhigen. Die schwarze Reinigungskraft, die ich bei unserer Ankunft freundlich gegrüßt hatte, machte mir deutliche Zeichen zu verschwinden; sie fuchtelte mit den Händen, als wollte sie Ungeziefer vertreiben. Mir blieb nichts anderes übrig, als meinen Sohn zurück zu lassen und mit meiner Tochter an der Hand abzuziehen.

Als ich die Tür zum Umkleideraum für Frauen öffnete, war die schwarze Reinigungskraft schon vor mir da. Sie war umringt von den Kindern, die eben noch meine Tochter bedrängt hatten. Die stoben bei unserem Anblick auseinander und verließen unter Flüchen gegen uns den Raum. Im Eiltempo zog ich mich um und drängte meine verstörte Tochter, dasselbe zu tun. Am Ende musste ich die Neunjährige anziehen, die starr vor ihrem Spind stand.

In unserem Rücken wachte die schwarze Frau. Wir fühlten ihre Blicke. Als ich mich zum Gehen anschickte, begegneten sich unsere Augen. Selbstgefällig sah sie auf uns und dann auf ihr Handy. „Warum auch hast Du die Kinder geschlagen, warum nur? Die haben jetzt ihre Eltern und Geschwister alarmiert. Da wird etwas auf Dich zukommen …" Und bös lächelnd fügte sie hinzu: „Da ist der eine oder andere bewaffnet, damit musst Du rechnen."

Jetzt bekam ich Angst und presste hervor, dass ich die Kinder nicht angerührt hätte; im Gegenteil, sie, die Ankläger hätten meine Kinder geschlagen. Das sei gleichgültig, sagte die Schwarze, die Eltern würden ihren Kindern glauben, nicht mir.

Da die Frau in dem Augenblick unser Leben in der Hand zu haben schien und genauso schwarz war wie mein Mann, öffnete ich meine Geldbörse mit dem lächerlichen kleinen Fenster darin, in dem Weiße wie ich Familienfotos aufbewahren. Ich trat auf sie zu und zeigte ihr das Foto, auf dem wir Vier, farblich schön abgestuft, in einer Hollywoodschaukel sitzen. Ihr böses Lächeln wurde milder. Sie erkannte eine Welt, die Schwarze erkennen, von der ich nichts weiß. „Hole Deinen Mann", sagte sie freundlicher, „damit er die Sache für Dich in Ordnung bringt".

Ich dachte einen Augenblick nach, dachte: unmöglich. Ich kann doch meinen schwarzen Mann nicht um Hilfe bitten, dass er mich als weiße Frau in einem weißen Land rette. Außerdem wollten wir doch nicht vergessen, dass ich unschuldig war: wirklich *unschuldig*.

Schon im nächsten Moment rächte sich mein Hochmut. Denn wenn ich meinen Mann zu Hilfe holen wollte, müsste ich ihn vorher anrufen. Ich hatte aber kein Handy; bis heute mag ich die Dinger nicht. Die Schwarze bot mir, als sie meine Verlegenheit begriff, großzügig ihren Apparat an. Ich sah einen Augenblick auf das schwarze Display und stellte mir vor, wie mein Mann sich auf mein Rufen hin zum Engel verwandelte. Getragen von seinen prachtvoll schwarzen Schwingen würde er mir zu Hilfe kommen und mich zu sich in den Himmel heben.

Ja, die schönen schwarzen Phantasien: Ich sah der Frau in die Augen, schüttelte den Kopf und packte meine Tochter. Tip top angezogen und frech grinsend stand mein Sohn bereits vor der Tür der Männerkabinen und wartete auf uns. Beide Kinder an die Hände nehmend, ging ich die Treppe zum Ausgang herunter.

Vor der Tür des Schwimmbads, das sah ich durchs Panoramafenster, stand nur eine Schlange von etwa zwanzig Personen. Sechs bis sieben von ihnen fehlte die Badetasche, nicht einmal ein Handtuch hing über ihren Schultern. Die Gruppe bestand aus sechs Männern und einer Frau, aufgebracht gestikulierend deuteten sie wieder und wieder auf das Gebäude.

Als ich mit meinen Kindern im Begriff war, durch die Tür nach draußen zu treten, hörten wir die Männer und die Frau rufen. Über uns waren die Fenster geöffnet und einige der Kinder, weiße wie braune, drängten sich an dem mittleren zusammen und antworteten ihnen, die wohl ihre älteren Geschwister waren. Ich verstand kein Wort von dem Durcheinander, hielt die Situation aber für gefährlich.

Ich sah nach oben, sah die geifernden Kinder, die sich weit aus dem Fenster lehnten und sich gegenseitig zu überbrüllen versuchten. Da glitt mein Blick kurz über die ganze Fensterreihe. An einem, dem Eckfenster, stand stumm das weiße Mädchen. Einen Augenblick lang hob es traurig die Hand, als wolle es winken. Dann trat es vom Fenster zurück, als sei es nie dagewesen. Es war unsichtbar geworden, so wie ich mich als Kind machte, wenn mein ältester Bruder gewalttätig wurde.

Ich habe dieses Bad nie wieder betreten.

Meine Kinder haben nie richtig Schwimmen gelernt.

Sie haben nie über den Vorfall ein Wort verloren.

Randnotiz

Die in der Erzählung *Das Kreuz* gefetteten Passagen stammen aus den beiden Erzählungen *Ein Landarzt* und *Die Verwandlung* von Franz Kafka.

Dank

Für Lektüre und Ermutigung danke ich Thomas Anz, Bernd Eilert und Irmela von der Lühe.